Münsterschwarzacher Kleinschriften

herausgegeben
von den Mönchen der Abtei Münsterschwarzach

Anselm Grün

Exerzitien für den Alltag

Meditationen, Anleitung zur Übung

Vier-Türme-Verlag

Bibliographische Information der Deutschen Bibliothek

Die Deutsche Bibliothek verzeichnet diese Publikation in der Deutschen Nationalbibliographie. Detaillierte bibliographische Daten sind im Internet über http://dnb.ddb.de abrufbar.

Unveränderter Nachdruck der Münsterschwarzacher Kleinschrift „Exerzitien für den Alltag", Band 106, als Vorzugsausgabe.

1. Auflage 2009

Umschlaggestaltung: Morian & Bayer-Eynck, www.mbedesign.de
Gesamtherstellung: Vier-Türme GmbH, Benedict Press, Münsterschwarzach

ISBN 978-3-89680-424-2

www.vier-tuerme-verlag.de

Inhalt

Anregungen zur Gestaltung der Exerzitien 7

Meditationen

I.	*Mein Lebenshaus*	21
II.	*»Schweige und höre«*	27
III.	*Die Hand auf meiner Wunde*	36
IV.	*Beten im Verborgenen*	42
V.	*Der Geist selbst betet in uns*	51
VI.	*»Du bist mein geliebter Sohn« »Du bist meine geliebte Tochter«*	56
VII.	*Liebendes Dasein*	65
VIII.	*»Du bist neu geboren worden«*	71
IX.	*Das Geheimnis ist Christus in uns*	80
X.	*Gekreuzigte Liebe*	86
XI.	*Liebe bis zur Vollendung*	95
XII.	*Der Auferstandene in meinem Alltag*	101

Anregungen zur Gestaltung der Exerzitien

Exerzitien im Alltag werden heute in vielen Pfarreien angeboten. Offensichtlich besteht ein großes Bedürfnis, den Alltag aus einer spirituellen Quelle heraus zu bewältigen. In den Pfarreien kommen kleine Gruppen zusammen, um sich über einen Bibeltext auszutauschen, den jeder in dieser Woche meditiert und den er in seinen Alltag zu übersetzen versucht. Genauso groß ist das Bedürfnis nach Einzelexerzitien. Doch viele finden oft keinen geistlichen Begleiter oder eine geistliche Begleiterin, die sie durch die Exerzitien führt. Daher habe ich in diesem Buch versucht, zwölf Bibeltexte auszulegen und sie für den Exerzitienprozeß fruchtbar werden zu lassen. Bevor Sie, lieber Leser, liebe Leserin, sich auf die einzelnen Meditationen einlassen, möchte ich Ihnen ein paar Anregungen geben, wie Sie mit diesem Buch umgehen können.

Zeitpunkt, Dauer und Art der Exerzitien

Sie können sich mit diesen zwölf Meditationen für Einzelexerzitien in die Stille zurückziehen und zwölf Tage lang von den Bibeltexten und deren

Auslegungen zum persönlichen Gebet anregen lassen. Oder Sie können mit dieser Kleinschrift Ihre Exerzitien im Alltag gestalten. Die Fasten- und die Adventszeit bieten sich für solche Exerzitien im Alltag besonders an. In der Adventszeit würden Sie sich dann für jeden Text zwei Tage lang Zeit nehmen, in der Fastenzeit wären für jede Woche zwei Texte zur Meditation und Übung vorgesehen. Aber Sie können auch während des Jahres immer dann, wenn es für Sie paßt, zwischen zwei und zwölf Wochen aus ihrem normalen Alltag herausnehmen, in denen Sie sich bewußt von diesen Texten begleiten lassen.

Die Gestaltung des Tages

Die einzelnen Texte dieser Kleinschrift lesen Sie am besten schon vor der Meditationszeit, entweder am Abend vorher oder unmittelbar vor der Meditation. Überlegen Sie sich gut, wann Sie während des Tages meditieren wollen. Wenn Sie in einem Haus der Stille Einzelexerzitien machen, dann sollten Sie täglich drei bis viermal jeweils eine Stunde mit dem jeweiligen Text der Bibel ins Gebet und in die Meditation gehen. Strukturieren Sie sich den Tag danach, wann die Gebetszeiten liegen sollen, wann Sie spazierengehen, wann Sie einfach in der Kirche still beten möchten.

Wenn Sie Exerzitien im Alltag machen, sollten Sie Ihre Kontakte nach außen und Ihre Aktivitäten reduzieren, auf Fernsehen verzichten, keine anderen Bücher lesen als die Bibel und sich bewußt

Zeiten der Stille reservieren. Für die Meditation des jeweiligen Bibeltextes ist täglich eine Stunde angebracht. Daher sollten sie zuerst prüfen, wann Sie sich am besten eine Stunde für die Meditation reservieren können. Die Morgenstunden haben sich dafür als die geeignetsten erwiesen. Aber wenn es Ihr Tagesplan nicht zuläßt, können Sie sich auch eine andere Zeit aussuchen. Abends sollten sie sich nochmals eine Viertelstunde für einen Rückblick gönnen, in dem Sie den Tag durchgehen und schauen, was der Text mit Ihnen gemacht und inwieweit er Ihren Tag geprägt hat.

Für diesen Rückblick hat Ignatius das »Gebet der liebenden Aufmerksamkeit« empfohlen, in dem ich den Tag daraufhin anschaue, was Gott an mir getan hat, wofür ich Gott danken darf, was sich in meiner Seele geregt hat, was ich gedacht, gesprochen und getan habe. Nach einer Bitte um Vergebung frage ich mich, wo in mir etwas wachsen möchte, wo ich neues Vertrauen und Hoffnung in mir spüre. Und ich entscheide mich dafür, Gott in mir Raum zu geben, damit er noch mehr in mir Gestalt annehmen und meine Sehnsucht erfüllen möge. Und ich schaue auf den nächsten Tag, um Gottes Liebe bewußt an mir geschehen zu lassen. Ich frage mich, was meine Sehnsucht für den kommenden Tag ist und lege ihn bewußt in Gottes Hände. (Nach einer Anregung von Sr. Roswitha Bach, Schwester der Englischen Fräulein)

Die Meditation der Bibeltexte

Wenn Sie sich über die Zeit der Meditation im klaren sind, dann suchen Sie sich zunächst den Platz aus, an dem Sie am besten meditieren können. Wenn Sie daheim sind, dann richten Sie sich eine Gebetsecke ein, vielleicht mit einer Ikone oder einem Bild, einer Kerze davor und einem Meditationshocker. Oder suchen Sie sich eine Kirche oder Kapelle aus, in der Sie ungestört beten können. Bevor Sie in die Bibel schauen, sammeln Sie sich vor Gott, spüren Sie sich in Ihrem Atem und stellen Sie sich vor, daß Sie nun in Gottes liebender und heilender Gegenwart sind, daß Gott nun ganz persönlich zu Ihnen sprechen möchte. Sie können die Gebetszeit auch stehend mit einer Gebärde beginnen, zum Beispiel mit der Gebärde der Schale, in der Sie Ihre leeren Hände Gott hinhalten und ihn bitten, daß Er sie füllen möge. Bitten Sie um den Heiligen Geist, daß Er Ihnen das Wort Gottes aufschließe und Ihr Herz für Gott öffne. Dann setzen Sie sich hin und nehmen achtsam und ehrfürchtig die Bibel in die Hand. Lesen Sie den vorgesehenen Text ganz langsam. Lassen Sie jedes Wort ins Herz fallen, versuchen Sie, es zu schmecken, zu kosten, es zu wiederholen, bis es im Herzen ankommt. Und stellen Sie sich bei jedem Wort vor, daß Gott selbst dieses Wort zu Ihnen spricht.

Wenn Sie eine biblische Szene betrachten, zum Beispiel eine Heilungsgeschichte, dann stellen Sie sich diese Szene konkret vor. Versetzen Sie sich in diese Szene. Sie sind der Kranke, der auf Jesus zugeht oder den Jesus liebevoll berührt. Begegnen Sie dann in der Person dieser Szene Jesus Christus. Schauen Sie ihn an und lassen Sie sich von Ihm anschauen. Sagen Sie Ihm, was Sie gerade bewegt. Fragen Sie Ihn, was Er wohl dazu sagen möchte. Und hören Sie dann in die Stille, was Jesus Ihnen antwortet. Vielleicht bleibt Jesus stumm. Sie hören gar nichts. Dann halten Sie Ihre Frage in diese Stille hinein. Vielleicht taucht dann in Ihnen irgendwann einmal ein Wort auf, das Ihnen den Weg weist. Oder auf einmal haben Sie das Gefühl, wirklich in Beziehung zu sein zu diesem Jesus Christus. Dann ist es gar nicht mehr wichtig, was Er sagt, sondern daß Sie vor Ihm und bei Ihm und mit Ihm sind. Das genügt. Bleiben Sie in der Begegnung, in der Beziehung zu Ihm, bis die Aufmerksamkeit nachläßt. Dann lesen Sie im Text weiter, lassen die Worte erneut ins Herz fallen oder versetzen sich in die nächste Situation.

Mit Jesus laut sprechen

Ein guter Weg ist für mich auch, daß ich das Gespräch mit Jesus laut führe. Ich sage Ihm dann, was mich im Innersten bewegt. Ich bitte Ihn, mich in die Wahrheit und in die Freiheit zu führen, mir das Wort zu sagen, das mir gerade jetzt in meiner Situation den Weg weist. Wenn ich laut mit Jesus rede, dann kann ich Ihm nicht ausweichen, dann bleibe ich wacher. Und dann ist mein Herz mehr angesprochen. Jesus mit der eigenen Stimme anzusprechen und mich mit meiner Stimme zu hören, das berührt mich emotional, manchmal so tief, daß mir die Tränen kommen. Dann spüre ich, daß dieser Jesus jetzt wirklich da ist, mir ganz persönlich begegnet und mich anspricht. Und ich werde vor Ihm mit meiner Wirklichkeit konfrontiert, mit all dem, was ich sonst unter der Oberfläche meines frommen Tuns verberge, mit meinen tiefsten Sehnsüchten, aber auch mit all dem, wo ich mich Gott gegenüber verschließe, wo ich meiner Wahrheit ausweiche, wo ich zurückbleibe hinter dem, was ich eigentlich möchte. Und zugleich erfahre ich in meiner so unangenehmen Wahrheit, daß ich ganz und gar angenommen bin, daß trotzdem alles gut ist. Dann überkommt mich ein tiefer Friede.

Jede Meditation verläuft anders. Es gibt auch Meditationen, in denen ich mich zwingen muß, dabei zu bleiben, in denen ich immer wieder ausweichen möchte. Dann genügt es schon, einfach auszuhalten und mich mit meiner Unruhe und Leere Gott auszusetzen. Der hl. Benedikt nennt das ›stabilitas‹, Beständigkeit, Feststehen, Ausharren, Aushalten. Und die Mönchsväter ermahnen uns, in der Zelle auszuharren, unsere Wahrheit vor Gott auszuhalten. Wir brauchen uns gar keine frommen Gedanken zu machen. Entscheidend ist, so sagen die Mönche, daß wir in der Zelle bleiben, daß wir Gott unser oft so unruhiges Herz hinhalten. Dann kann Gott es auch verwandeln.

Sich nicht unter Leistungsdruck setzten

Setzen Sie sich nicht unter Leistungsdruck, daß Sie bei jeder Gebetszeit Gott erfahren oder Jesus mit ganzem Herzen begegnen müßten, daß Sie bei jeder Meditation so etwas wie Erfolg spüren müßten. Es ist schon viel, wenn Sie einfach durchhalten, auch die Wüstenstrecken durchstehen. Dann werden auch wieder Gebetszeiten kommen, in denen Sie tief in Ihrem Herzen angerührt werden. Wenn Sie öfter Exerzitien machen, dann vergleichen Sie sie nicht mit früheren Exerzitien und trauern nicht den Erfahrungen nach, die Sie bei anderen Exerzitien gemacht haben. Es geht darum, sich jetzt mit Ihrer heutigen Situation Gott auszusetzen. Er wird schon an Ihnen handeln, aber vielleicht ganz anders, als Sie es sich vorgestellt haben. Lassen Sie sich darauf ein, was Gott Ihnen heute sagen, welche Wahrheit er Ihnen heute aufdecken und wohin er Sie heute führen möchte.

Auf die Träume achten

Achten Sie in den Exerzitien auch auf Ihre Träume. Gerade in solchen Tagen der Stille schickt uns Gott oft wichtige Träume, die uns einen Weg weisen und oft auf die Fragen antworten, die während des Betens in uns aufsteigen. Manchmal zeigt Gott uns in einem Traumbild oder in einem Wort, das wir im Traum vernehmen, was unsere persönliche Berufung für die kommenden Monate ist. Für mich waren bisher gerade die Träume während der Exerzitien entscheidend für meinen spirituellen Weg. Sie haben mir geholfen, mein Charisma zu entdecken und Gottes Weisung für den nächsten Lebensabschnitt zu erkennen. Nehmen Sie die Träume dann mit ins Gebet, fragen Sie Gott, was Er Ihnen damit sagen möchte. Sie können den Traum mit seinen Bildern meditieren. Sie können ihn auch weiterträumen, indem Sie zum Beispiel die Traumpersonen befragen, was Sie von Ihnen möchten. Manchen ist es auch eine Hilfe, den Traum zu malen und das Bild vor Gott nochmals anzuschauen. Es ist nicht immer wichtig, den Traum zu analysieren und zu verstehen. Es genügt manchmal, die Wirklichkeit des Traumes Gott hinzuhalten. Denn darin setze ich mich selbst mit dem Unbewußten Gott aus, damit Er mit Seinem Licht auch die unbekannten Tiefen des Unterbewußtseins durchdringen, sie erhellen und heilen möge.

Gebärden, die bei der Gestaltung der Exerzitien helfen

So wie mir das laute Beten manchmal hilft, in die Begegnung mit Jesus Christus zu gelangen, so drängt es mich manchmal auch zu einer bestimmten Gebärde, um alles in mir Christus hinzuhalten. Da ist die Gebärde der offenen Hände, in der ich Ihm meine Sehnsucht ausdrücke, in der ich Ihn erwartungsvoll bitte, daß Er meine Leere ausfüllen möge. Manchmal falte ich auch die Hände, um mich von Ihm binden zu lassen.

Ich drücke damit aus, daß ich ganz und gar Ihm gehöre und mich von Ihm in Dienst nehmen lasse. Wenn ich sehr betroffen bin von einem Wort oder von meiner eigenen Realität, dann lege ich mich flach auf den Boden, mit der Stirne auf den Händen. Es ist die Gebärde der ›prostratio‹, die mich an meine Profeß und Priesterweihe erinnert, in der ich mich ganz und gar Gott übergeben habe. In der prostratio spüre ich meine Ohnmacht, meine Hingabe aus eigener Kraft durchzuhalten. Und in dieser Gebärde drücke ich die Sehnsucht meines Leibes aus, mich in Gott hineinfallen zu lassen, von Ihm getragen zu sein, in Seiner Liebe geborgen und gehalten zu sein. In dieser Gebärde kommen mir von selbst die Psalmworte in den Sinn: »Gott, du mein Gott, dich suche ich, meine Seele dürstet nach dir. Nach dir schmachtet mein Leib wie dürres, lechzendes Land ohne Wasser.« (Ps 63,2f) Wenn ich innerlich unruhig bin bei der Meditation, dann sammeln solche Gebärden den Geist, der immer hin- und herwandern möchte. Und ich spüre, daß ich mit allem, was in mir ist, in der Begegnung mit Christus bin.

Den Alltag von der Erfahrung der Meditationen prägen lassen

Sie können die Gebetszeit beschließen, indem Sie still nachspüren, was war. Oder Sie fassen in einem Gebet nochmals zusammen, was Sie Christus sagen möchten. Schließen Sie die Gebetszeit mit einer tiefen Verneigung vor Jesus Christus, der Sie liebevoll anschaut. Und dann setzen Sie sich hin und schreiben die wichtigsten Gedanken und Einsichten auf, die Ihnen in dieser Gebetszeit gekommen sind. Sie können ein Gebet aufschreiben oder einfach das, was Ihnen an Einsicht, an Erfahrung, an Gefühl, an Gestimmtsein zugeflossen ist. Und dann tragen Sie das, was in Ihnen gewachsen ist, in den Alltag hinaus. Sie müssen im Alltag nicht immer daran denken, was Sie in der Gebetszeit entdeckt haben. Das wäre mühsam. Vielmehr sollten Sie die innere Qualität, die Sie in der Meditation wahrgenommen haben, auch in den Alltag mitnehmen. In Ihrem Herzen, in dem inneren Raum der Stille, da wohnt dieser Jesus Christus, der Sie angesprochen hat, der Ihnen begegnet ist, da wohnt der dreieinige Gott mit Seiner Liebe und Barmherzigkeit. Mir tut es gut, mich im Alltag immer wieder daran zu erinnern, daß in mir ein Raum ist, zu dem die Menschen, die jetzt in mein Büro kommen und mich mit sehr konkreten und manchmal auch banalen Problemen bedrängen, keinen Zutritt haben. Es bleibt in mir ein Geheimnis, das mir Distanz gibt zu allem, was ich tue. Und in dieser Distanz erfahre ich Freiheit, erfahre ich, daß ich in Gott ruhe und mich nicht von dem her definiere, was außen geschieht. Wenn es mir gelingt, diese innere Qualität wahrzunehmen, dann fühle ich mich frei und dann kann ich mich gelassen auf das einlassen, was mich an konkreten Aufgaben herausfordert.

Manchmal hilft es auch, sich am Ende der Meditationszeit einen konkreten Vorsatz zu machen.

Allerdings bin ich da etwas vorsichtig. Ich habe selbst in meinen ersten Klosterjahren erlebt, daß die Meditation zu sehr verzweckt worden ist, daß am Ende jeder Meditation ein Vorsatz stehen mußte. Und mit diesen vielen Vorsätzen habe ich mich überfordert. Denn so viele Vorsätze konnte ich gar nicht erfüllen. Statt Vorsatz sage ich lieber Übung. Überlegen Sie sich, was Sie konkret üben könnten, um die Meditation in Ihr Leben einfließen zu lassen.

In den Meditationen habe ich am Schluß immer eine Übung angegeben, die Ihnen helfen soll, daß die Wirklichkeit des Erfahrenen auch den Alltag prägen kann. Manchmal kann am Ende der Exerzitien auch ein konkreter Vorsatz stehen, etwas in Ihrem Leben zu ändern, zum Beispiel den Tag anders zu strukturieren, die Arbeitsstelle zu wechseln, den Kontakt mit ganz bestimmten Menschen abzubrechen oder aufzunehmen, einen Konflikt endlich zu lösen, den ich lange vor mir hergeschoben habe. Manchmal kann es eine Hilfe sein, daß Sie sich ein tägliches Ritual vornehmen, das Sie an die Erfahrungen der Exerzitien erinnert. Es kann zum Beispiel das Ritual sein, mit dem Sie Ihren Tag beginnen, eine bestimmte Gebärde, ein Gebet, das Ihnen während Ihrer Exerzitientage wichtig geworden ist. Oder es kann das Ritual des Tagebuchschreibens sein. Solche Rituale hängen nicht allein von unserem Willen ab, der oft sehr launisch ist und nicht genügend Durchhaltekraft hat. Rituale werden zu einer guten Gewohnheit. In ihnen kann Gott täglich an uns wirken und uns mit Seinem Geist erfüllen, damit unser Alltag immer mehr von Ihm durchdrungen wird.

Das Ziel der Exerzitien

Am Ende der Exerzitien soll die Entscheidung stehen, Gott in mir mehr Raum zu geben. Sr. Roswitha nennt sie im Sinne des hl. Ignatius eine Entscheidung zum Wachsen. Ich soll Gott in mir wieder mehr Raum geben, damit Er mich verwandeln kann, damit Christus in mir wachsen und Gestalt annehmen kann. Für die frühen Mönche ist das Ziel jedes Übungsweges die Kontemplation, das tiefere Hineinwachsen in das unablässige Gebet, in das Einswerden mit Gott im Gebet. Das Ziel ist also nicht in erster Linie die Lösung konkreter Probleme, sondern ein Wachsen in der Liebe zu Gott, ein neues Gespür für die Liebe Gottes, die ausgegossen ist »in unsere Herzen durch den Heiligen Geist, der uns gegeben ist« (Röm 5,5). Gott ist das letzte Ziel unseres Lebens und die eigentliche Wirklichkeit, aus der heraus wir leben.

Die Exerzitien wollen uns durch die Stille, das Gebet, die Meditation und die Übungen immer tiefer hineinführen in das Geheimnis des dreifaltigen Gottes, der in uns wohnt. Wenn in den Exerzitien unsere Sehnsucht nach dem dreifaltigen Gott wächst, dann bekommt unser Leben einen neuen Geschmack, den Geschmack des göttlichen Lebens, der göttlichen Liebe. Dann spüren wir, daß unsere tiefste Berufung ist, Gott in uns Raum zu geben, uns von dem Gott, der in uns ist, immer mehr durchdringen und verwandeln zu lassen, bis wir mehr und mehr in das einmalige und einzigartige Bild hineinwachsen, das Gott sich von jedem von uns gemacht hat. Durch die Übung des unablässigen Gebetes soll unser Herz von selbst zu beten beginnen, soll es sich immer mehr nach dem Gott sehnen, der allein unsere tiefste Sehnsucht zu erfüllen vermag. Wenn der Geist in uns selbst betet, ohne daß wir uns dazu zwingen müssen, dann werden wir unserer Berufung als Christen gerecht, dann erleben wir uns als Wohnung des dreifaltigen Gottes. Und wir dürfen die gleiche Erfahrung machen, die die frühen Mönche fasziniert und auf ihrem Gebetsweg begleitet hat, daß uns das Gebet zum vollen Menschen macht und daß wir erst durch das Gebet unsere wahre Würde entdecken. Das Gebet wird unsere Liebe zu Gott vertiefen. Es wird in uns immer mehr die Sehnsucht nach dem dreifaltigen Gott wachsen lassen, bis wir schauen dürfen, was wir im Gebet ersehnt haben.

Meditationen

I. Mein Lebenshaus (Lukas 15,8–10)

Sie wollen sich auf Exerzitien einlassen. In den Exerzitien üben wir uns ein in die Gegenwart Gottes und in das unablässige Gebet. Und wir üben uns ein auf den Weg, den Gott mit uns gehen möchte. Zum Trainingsprogramm der Exerzitien gehört es, daß wir auf Gottes Stimme in unserem Herzen horchen, auf die leisen Impulse, mit denen uns der Heilige Geist anruft. Ziel der Exerzitien ist es, daß wir unsere persönliche Berufung erkennen. Jeder von uns wird von Gott gerufen, mit seinem Leben etwas von der dreifaltigen Liebe Gottes zu verkünden, das nur er allein vermitteln kann.

Es geht in den Exerzitien nicht darum, daß wir unsere Probleme lösen, daß wir mit den alltäglichen Konflikten besser zurechtkommen. Es geht vielmehr um Gott. Gott ist die eigentliche Wirklichkeit. Wir leben aber an dieser Wirklichkeit meistens vorbei. Wir sind so sehr mit uns selbst und unseren Sorgen beschäftigt, daß wir Gott aus den Augen verlieren. Wir meinen, unser Alltag mit seinen Problemen sei die eigentliche Wirklichkeit.

Aber der Grund aller Wirklichkeit ist Gott. Gott wahrzunehmen, mit Gott zu rechnen, Gott als die eigentliche Realität zu sehen, vor der alles andere zurücktreten muß, Gott in meinem Herzen immer mehr Raum zu geben, damit Er mich in allem bestimmt, in Gott und aus Gott heraus zu leben, das ist das Ziel der Exerzitien. Ich wünsche Ihnen gesegnete Exerzitien, daß das unablässige Gebet in Ihrem Herzen wieder auflebt, daß Sie die Liebe Gottes zu Ihnen wieder aufs Neue erfahren, und daß Sie die Impulse des Heiligen Geistes erkennen, der Sie mehr und mehr in das Bild verwandeln möchte, das Gott sich von Ihnen gemacht hat.

Ich möchte Ihnen auf diesem Übungsweg jeweils Texte aus der Heiligen Schrift mitgeben. Die Texte wollen Sie ins Gebet führen und Ihnen Aufgaben stellen, wie Sie alles, was in Ihnen ist, Gott hinhalten können, damit Er es verwandelt, damit Gottes Wirklichkeit durch die Wirklichkeit Ihres Lebens immer mehr hindurchscheint. Nehmen Sie sich täglich eine Stunde Zeit, um den Text zu meditieren, um die Worte ins Herz fallen zu lassen, um vom Text ins persönliche Gebet zu kommen. Und schreiben Sie sich dann täglich ein paar Gedanken oder Erfahrungen auf, die der Text in Ihnen auslöst. Führen Sie ein Exerzitientagebuch, um Gottes Wirken an Ihnen festzuhalten. So können Sie sich immer wieder erinnern, daß Gott Sie angerührt hat und Sie immer tiefer in das Gebet hineinführen möchte.

Als ersten Text möchte ich Ihnen das Gleichnis von der verlorenen Drachme aus Lukas 15,8–10 geben: »Wenn eine Frau zehn Drachmen hat und eine davon verliert, zündet sie dann nicht eine Lampe an, fegt das ganze Haus und sucht unermüdlich, bis sie das Geldstück findet? Und wenn sie es gefunden hat, ruft sie ihre Freundinnen und Nachbarinnen zusammen und sagt: Freut euch mit mir; ich habe die Drachme wiedergefunden, die ich verloren hatte.«

Die Frau ist in eine Situation geraten, die der unseren gleicht. Sie hat eine Drachme verloren. Und mit der Drachme hat sie sich selbst verloren. Zehn ist ein Bild für die Ganzheit. Die Frau hat mit ihrer Ganzheit ihre eigentliche Mitte verloren. Vor lauter Sorgen und Problemen haben wir oft genug unser Herz aus den Augen verloren. Wir tun zwar vieles, auch viel Frommes, aber wir haben die Klammer verloren, die das Vielfältige in unserem Leben zusammenhält. Wir beten und gehen in den Gottesdienst. Aber wir leben nicht in unserer Mitte, wir leben nicht in unserem Herzen. Wir haben – so sagt Gregor von Nyssa – durch die Unachtsamkeit unseres Lebens unser wahres Selbst verloren. Und so fordert uns Jesus in den Exerzitien auf, uns auf die Suche nach dem Bild Gottes in uns zu machen. Da müssen wir zuerst eine Lampe anzünden. Wir müssen in die Abgründe unserer Seele schauen, wir müssen das Licht unseres Bewußtseins hineinhalten in die Dunkelheit unserer Seele, in all das Unbewußte und Verdrängte. Wir müssen das Haus ausfegen. Da hat sich soviel angesammelt an Staub und Schmutz und das ursprüngliche Bild Gottes in uns verdeckt. Oder wir haben die Drachme verstellt durch die vielen Möbel, die wir in unserem Haus aufgestellt haben, durch die vielen Tätigkeiten, die uns so wichtig geworden sind.

Exerzitien heißt, sein Haus leerfegen, damit Gott darin einziehen und alle Räume unseres Hauses bewohnen kann, damit Gott selbst die Drachme in uns findet, die irgendwo verborgen in uns liegt. Ich möchte Sie anregen, auf dem Hintergrund dieses Gleichnisses einmal Ihr Lebenshaus zu malen. Es kommt nicht darauf an, daß Sie es schön malen. Zeichnen Sie Ihr Haus mit allen Stockwerken und Zimmern. Was ist da alles im Keller? Gibt es da verschlossene Räume, zu denen Sie gar keinen Zutritt haben? Oder Räume, vor denen Sie Angst haben, weil da vielleicht Sprengstoff lagern könnte oder weil da viel Verdrängtes herumliegt und die Fundamente des Hauses anfrißt? Wie ist das Erdgeschoß? In welchen Räumen halten Sie sich meistens auf? Wo fühlen Sie sich am wohlsten? Wo ist es kalt in Ihrem Haus? Wo laden Sie Gäste ein? Sind Sie wirklich selbst Herr in Ihrem Haus oder sind da Untermieter, die Ihnen das Leben schwer machen, Hausbesetzer, die Sie immer mehr herausdrängen aus Ihrem Haus? Solche Untermieter und Hausbesetzer können Ängste sein, die sich in alle Räume eingeschlichen haben, oder Sorgen, Ärger, Bitterkeit, Eifersucht. Wie ist das Obergeschoß? Welche Räume bewohnen Sie da am liebsten? Wohnt Gott in allen Räumen Ihres Hauses oder haben Sie ihn aus manchen Zimmern herausgedrängt, weil es Ihnen unangenehm ist, wenn er sehen würde, was da drinnen ist? Wenn Sie das Haus gemalt haben, dann können Sie in die einzelnen Zimmer hineinschreiben, was da an Gefühlen, Gedanken, Problemen und Sorgen wohnt.

Und dann fragen Sie sich, wo wohl die Drachme in Ihrem Haus liegen könnte, wo Sie sich auf die Suche machen sollten oder wo Sie Gott einlassen müßten, damit Er Ihnen die Drachme zeigt. Der deutsche Mystiker Johannes Tauler meint, in den Krisen unseres Lebens würde Gott selbst in unser Haus kommen und nach der Drachme suchen. Und er würde es wie eine Frau machen, die die Möbel umstellt, die Stühle hochhebt, um die Drachme zu finden. Vielleicht liegt die Drachme gerade dort, wo Sie sich am besten eingerichtet haben.

Wenn Sie Ihr Haus vor Gott meditiert und durchbetet haben, dann versuchen Sie einmal, eine halbe Stunde laut mit Gott zu reden. Halten Sie Ihr Haus Gott hin und erklären Sie es ihm. Und dann fragen Sie Gott, was Er dazu sagen möchte. Versuchen Sie sich vorzustellen, daß Gott jetzt wirklich da ist. Und dann sagen Sie ihm alles, was Ihnen einfällt. Aber fragen Sie sich dabei immer wieder: Was ist die eigentliche Wahrheit meines Lebens? Wie steht es eigentlich um mich? Was sollte ich diesem Gott endlich einmal sagen, was ich bisher immer geheimgehalten habe? Wo sollte ich Gott eintreten lassen, damit Er alle Kammern meines Hauses mit Seinem Licht durchleuchtet? Halten Sie diese halbe Stunde lautes Beten durch, auch wenn Sie nach zehn Minuten am liebsten schweigen möchten. Wenn Sie Gott nicht spüren, sagen Sie es ihm. Wenn Sie ärgerlich werden, drücken Sie Ihren Ärger vor Gott aus. Es ist nicht so einfach, sich auf das laute Beten einzulassen. Aber vielleicht erfahren Sie dabei, daß es Sie in die Wahrheit führt. Und nur die Wahrheit wird uns frei machen. Ich wünsche Ihnen zu Beginn Ihrer Exerzitien ein gutes Gespräch mit Gott, daß Gott selbst beginnen kann, Ihr Haus zu erleuchten und zu bewohnen mit seiner Liebe und Barmherzigkeit.

Gebet

Barmherziger und guter Gott, erfülle Du mein Haus mit Deinem Licht und Deiner Liebe. Zeige mir, wo ich die Drachme verstellt habe, wo ich Dein Bild in mir vergraben habe unter meinen Sorgen und meiner Geschäftigkeit, unter meinen Ängsten und Traurigkeiten, unter den vielen Gedanken, die ich mir über die tausend Dinge des Alltags mache. Räume Du in mir hinweg, was Dein Bild in mir verstellt. Wohne Du in mir, damit ich alle Räume meines Hauses bewohnen kann, damit ich gemeinsam mit Dir in meinem Hause wohnen darf und in Dir und mit Dir mich selbst finde, so wie Du mich geschaffen und gebildet hast. Amen.

II. »Schweige und höre!«
(Markus 7,31–37)

Vielleicht haben Sie beim lauten Beten mit Gott gespürt, wie stumm Sie vor Gott sind, daß Sie keine Worte gefunden haben, Ihre Wahrheit vor Gott auszudrücken. Wir können zwar vieles sagen, aber es fällt uns schwer, das Eigentliche zu sagen. Wir spüren oft, daß wir einmal aussprechen sollten, was tief in unserem Herzen schlummert, an Ahnung, an Schmerz, an Verletzung, an Enttäuschung, an Bitterkeit. Aber es kommt uns kein Wort über die Lippen. Wir fangen immer wieder an, von dem zu reden, was da in unserem Herzen verborgen liegt. Aber sobald wir es angedeutet haben, brechen wir wieder ab. Wir trauen uns nicht, unsere tiefste Wahrheit zu offenbaren.

So möchte ich Ihnen als zweiten Text für die Exerzitien die Heilung des Taubstummen geben, Markus 7,31–37. Da heißt es: »Man brachte einen Taubstummen zu Jesus und bat ihn, er möge ihn berühren. Er nahm ihn beiseite, von der Menge weg.« In den Exerzitien nimmt uns Jesus beiseite, weg von der Menge, weg vom Lärm unseres Alltags, weg von den vielen Menschen, die ständig um uns herum sind und uns beschäftigen. Im Griechischen heißt es: ›kat idian‹. Das kann auch bedeuten, in sein Haus aufnehmen, zu sich nehmen. Jesus möchte uns in den Exerzitien in sein Haus einladen, damit wir mit ihm wohnen. Er nimmt uns in sein Herz, damit wir an seinem Herzen lernen, was Gott in uns wirken möchte.

Es ist eine Sonderbehandlung, die wir da durch Jesus erfahren. Ich darf mit ihm allein sein. Und er wendet sich allein mir zu. Er nimmt mich in seine Schule und er möchte meine Wunden heilen. Hier geht es um die Wunde des Taubseins und Stummseins.

Ich bin oft genug taub für das, was Gott mir sagen möchte. Ich habe meine Ohren zugestopft, so daß Gottes leise Stimme gar nicht zu mir vordringen kann. Mir hat ein Vater erzählt, daß er bei der Arbeit am Schreibtisch sein Kind überhört, wenn es schreit. Genauso sind wir oft so sehr mit uns selbst beschäftigt, daß wir überhören, wenn Gott uns ruft. Dann hören wir auch nicht, was Gott uns gerade durch unsere Mitmenschen sagen möchte. Wir hören nur das heraus, was uns bestätigt, aber nicht das, was uns in Frage stellt. Wir hören nicht die Zwischentöne heraus, in denen der andere uns seine eigentliche Not signalisiert. Wir hören zwar Worte, aber nicht den Menschen, nicht sein Herz, das nach Hilfe schreit. Und wir sind stumm. Vielleicht bin ich verstummt, weil die anderen mich nicht verstehen, weil sie mich nicht ausreden lassen. Oder man hat mich mundtot gemacht, weil man mein Vertrauen mißbraucht hat. Oder ich bin Gott gegenüber stumm geworden, weil meine Worte ungehört blieben. Oder ich veschließe meinen Mund, weil ich Angst habe, meine Wahrheit vor den Menschen oder vor Gott zu offenbaren. Ich verstecke mich lieber hinter vielen Worten, auch hinter frommen Worten, damit nur ja keiner erkennen kann, wie es mir wirklich geht und wie es eigentlich um mich steht.

Jesus heilt den Taubstummen in fünf Schritten. In diesen fünf Schritten zeigt er uns, was Hören und Sprechen eigentlich meint, sowohl in Bezug auf Gott als auch in Bezug auf die Menschen. Beides sollten wir in den Exerzitien einüben, das richtige Hören und das rechte Sprechen. Zunächst legt Jesus dem Taubstummen die Finger in die Ohren. Er legt seine Finger auf die wunde Stelle. Er zeigt uns, wo wir krank sind. Im Griechischen heißt es: Er steckt seine Finger in die Ohren. Er hält mit seinen Fingern die Ohren des Tauben zu. Er verstopft uns die Ohren, damit wir den Lärm nicht mehr hören, der von außen auf uns eindringt und uns am eigentlichen Hören hindert.

In den Exerzitien müssen wir erst eimal die Ohren verschließen, damit wir fähig werden, wirklich zu hören, das zu hören, was Gott uns sagen möchte. Statt nach außen zu hören, müssen wir zuerst lernen, nach innen zu hören, auf die leise Stimme Gottes in unserem Herzen. Wenn wir Gottes Stimme im Herzen vernehmen, dann können wir auch in den Worten der Menschen um uns herum heraushören, was Gott uns damit sagen möchte. Manche Menschen haben ihre Ohren verschlossen, weil sie Angst haben vor den Aggressionen oder vor der Ablehnung, die sie in den Worten der anderen hören. Wenn Jesus uns liebevoll die Finger in die Ohren legt, dann möchte er uns sagen, daß selbst in aggressiven Worten noch die Sehnsucht steckt, mit uns in Beziehung zu treten.

Der zweite Schritt der Heilung besteht darin, daß Jesus die Zunge des Mannes mit Speichel berührt. Das kann eine sehr zärtliche Geste sein, gleichsam ein Kuß, mit dem Jesus den Stummen berührt. Er kommt ihm liebevoll nahe wie eine Mutter, die mit Speichel das Kind berührt, um seine wunden Stellen zu heilen. Reden kann man nicht befehlen. Da muß erst eine Atmosphäre von Geborgenheit und Angenommensein entstehen, bevor sich die Zunge lösen kann. In manchen Seelsorggesprächen braucht es lange, bis einer wirklich sagen kann, was ihn bewegt. Da muß erst Vertrauen wachsen. Dann kann die Wahrheit ins Wort kommen.

Fridolin Stier übersetzt die Stelle so: Jesus »spuckte und hielt seine Zunge fest«. Dann würde es bedeuten, daß Jesus erst einmal unseren Redefluß stoppen muß, damit wir lernen, richtig zu sprechen. Oft genug verstecken wir uns ja hinter vielen Worten. Es gibt Menschen, die in Gesellschaft ständig reden. Sie müssen so viele Worte machen, damit ja niemand auf die Idee kommen könnte, sie nach ihrer Wahrheit zu fragen. Wir brauchen in den Exerzitien viel Stille, um Gottes Stimme zu vernehmen. Das Schweigen konfrontiert uns mit uns selbst und mit Gott. Wir müssen aber nicht nur unsere Zunge am Reden hindern, sondern auch unseren Verstand. Denn wenn wir in die Stille gehen, dann redet unser Verstand oft ununterbrochen. Da geht es in unserem Kopf ständig hin und her, ob wir das oder jenes tun sollten, wie wir uns entscheiden müßten. Oft sind solche

Grübeleien nur ein Ablenken von der eigentlichen Wahrheit. Wir bleiben lieber im Kopf, um uns im Herzen von Gott nicht treffen zu lassen. Wir machen uns vielleicht sogar fromme Gedanken. Aber auch sie halten uns nur davon ab, uns wirklich von Gott anrühren zu lassen. In den Exerzitien geht es darum, daß Gott uns in unser Herz führt und daß er dort Worte zu uns spricht, die uns treffen, die uns die eigene Wahrheit aufdecken und die uns heilen, Worte, die die vielen Gedanken in uns zur Ruhe bringen, Worte der Liebe, die in uns einen tiefen Frieden bewirken.

Der dritte Schritt Jesu: Er blickt zum Himmel auf. Jesus möchte unseren Blick in den Exerzitien zum Himmel lenken. Er öffnet den Himmel über uns durch sein Gebet zum Vater. Indem wir in den Exerzitien Jesus auf neue Weise begegnen im Gebet, in der Meditation, in der Stille, tut sich der Himmel über uns auf. Und auf einmal wird uns alles klar. Auf einmal können wir vielleicht Ja sagen zu unserem Leben. Das Herz wird uns weit. Und wir wissen, daß alles gut ist. Mit seinem Blick zum Himmel kann Jesus uns aber auch darauf hinweisen, daß es in jedem Wort, das wir sprechen und das wir hören, letztlich um Gott geht. Jedes Wort gründet letztlich im Wort Gottes. Daß Gott zu uns spricht, das ist das eigentliche Geheimnis von Sprechen und Hören. Wir sollten so hören lernen, daß wir in jedem Wort der Bibel den Himmel über uns offen sehen, daß uns in jedem Wort Gott im Herzen anspricht. Auch in den Worten der Menschen sollten wir immer die

Sehnsucht nach Gott heraushören. Dann hören wir richtig. Und in jedem Wort, das wir sprechen, geht es darum, Gott in dieser Welt vernehmbar zu machen, Worte der Liebe zu sprechen, die Gottes Liebe spürbar werden lassen. Das Ziel jedes echten Gespräches ist es, den Himmel über uns zu öffnen. Jeder von uns hat es wohl schon erfahren, daß in einem tiefen Gespräch auf einmal die Zeit still stand und Gott spürbar wurde, daß sich da der Himmel über uns wölbte und unsere Herzen weit wurden. Die Exerzitien, die uns im Schweigen den Mund und die Ohren verschließen, wollen uns dafür sensibel machen, was im Reden und Hören geschehen kann, wenn wir uns ganz darauf einlassen.

Dann seufzt Jesus, oder wie man auch übersetzen kann: Er stöhnte auf. Das meint einmal die Kraftanstrengung Jesu. Jesus kämpft um mich, damit ich mich wirklich für Gott entscheide, damit ich frei werde von den Abhängigkeiten, damit ich ausbreche aus meiner inneren Gefangenschaft, daß ich Gott wirklich einlasse in mein Leben. Er kämpft mit meiner Krankheit, mit meinem Stummsein, mit meiner Taubheit, daß ich mich mit allen Sinnen für Gott öffne. Und im Seufzen wird deutlich, daß Jesus mit mir leidet, daß er mich nicht von außen behandelt, sondern mich bei sich eintreten läßt. Er öffnet mir sein Herz, damit ich darin Ruhe finde, damit ich in seinem Herzen gesund und heil werde, damit ich mich in seinem Herzen wieder ganz und gar für Gott öffnen kann.

Erst nach diesen vier Schritten kommt das erlösende und befreiende Wort: Jesus »sagte zu dem Taubstummen: Effata!, das heißt: Öffne dich!« Die Begegnung mit Jesus Christus will alle meine Sinne öffnen für Gott: meine Ohren, daß ich Gottes Stimme neu vernehme, meine Augen, damit sie in allem Gott erkennen – ich soll mit neuen Augen auf mein Leben schauen, damit ich Gottes Spuren darin entdecke –, meinen Tastsinn, damit ich in Sonne und Wind Gottes zärtliche Liebe wahrnehme. Gott in allen Dingen finden, damit beschreibt Ignatius die Offenheit, zu der uns Jesus in den Exerzitien führen möchte. Offen bin ich, wenn ich achtsam in jedem Augenblick wahrnehme, was ist, wenn ich bewußt und wach bin in meinem Gehen, in meinem Sitzen, in meinem Stehen, in meinem Atmen, in meinem Hören.

Beim Taubstummen zeigt sich die Offenheit darin, daß sich seine Ohren öffnen und die Fessel seiner Zunge sich löst. Das Bild von der Fessel weist darauf hin, daß der Kranke in der Macht der Dämonen war, aus der Jesus ihn befreit. Die Macht der Dämonen, das kann bei uns die Angst sein oder irgendein Zwang, der uns besetzt hält. Wir haben Angst, das zu sagen, was in uns ist. Wir könnten ja verletzt werden. Wir stehen unter Zwang, immer wieder über die anderen reden zu müssen, um von uns selbst abzulenken. Jesus möchte uns von den Fesseln unserer Angst und unserer Zwänge befreien, damit wir lernen, richtig zu reden, so zu reden, wie es Gott entspricht. Und das heißt, mit unseren Worten Beziehung zu stiften, Worte der

Liebe zu sprechen, die den anderen berühren, die ihn zum Leben wecken, Worte der Ermutigung, die ihn aufrichten, Worte des Lebens, Worte des Trostes, Worte, die in die Freiheit führen.

Wenn Sie diese Heilungsgeschichte nun in Ihren Exerzitien im Alltag meditieren, dann sollte die Meditation nicht nur auf die Zeiten der Stille beschränkt sein. Nehmen Sie diese Geschichte vielmehr auch mit in Ihren Alltag, in Ihre Arbeit, in Ihr Hören und Sprechen den ganzen Tag über. Achten Sie auf Ihr Hören und Sprechen, ob Sie wirklich mit dem Herzen hören und aus dem Herzen heraus sprechen. Und üben Sie sich ein in ein Hören, das Gottes Stimme heraushört aus den vielen Worten, die Sie vernehmen. Und lernen Sie, so zu sprechen, daß Ihre Worte aus einem liebevollen Herzen kommen. Dann werden Sie spüren, wie Ihre Worte die Menschen um sie herum anrühren und zum Leben wecken, wie da auf einmal Beziehung entsteht und der Himmel sich über Ihnen öffnet. Wenn Sie achtsam hören und bewußt sprechen, dann werden Sie erfahren, daß es letztlich immer darum geht, in allem auf Gottes Stimme zu hören und in jedem Wort Gottes Wort anklingen zu lassen. Und Gottes Wort ist immer ein Wort der Liebe und ein Wort, das Leben schafft. Und üben Sie sich durch die Meditation dieser Heilungsgeschichte ein in das unablässige Beten, daß Ihre Ohren immer offen sind für das Gespräch, das Gott mit Ihnen führt, und daß Ihr Mund ohne Unterlaß Gott preist für alles, was Er in jedem Augenblick an Ihnen tut und Ihnen schenkt. Dann können Sie einstimmen in das Lob der Menge: »Er hat alles gut gemacht; er macht, daß die Tauben hören und die Stummen sprechen.«

Gebet

Guter Gott, öffne meine Ohren, daß sie in diesen Tagen der Exerzitien Dein Wort vernehmen, daß ich Dein Wort mit dem Herzen höre und mich von ihm verwandeln lasse. Mach mich sensibel für die leisen Impulse, in denen Du zu mir sprichst. Und öffne meinen Mund, daß er Dich lobt und preist für alles, was Du mir Gutes getan hast. Befähige mich durch Deinen Heiligen Geist, daß die Worte, die ich sage, die Menschen aufrichten und ermutigen, daß es Worte der Liebe sind, die heilen und trösten, die Beziehung stiften, die versöhnen und befreien, die einen neuen Horizont eröffnen, die den Himmel aufbrechen lassen über der Verschlossenheit der Menschen und ihnen vermitteln, daß ihr Leben wertvoll ist und einmalig. Amen.

III. Die Hand auf meiner Wunde (Markus 1,40–45)

Wenn wir uns in der Stille der Exerzitien Gott aussetzen, dann werden wir uns schmerzlich unserer Wunden und Verletzungen bewußt. Es gibt wohl keinen Menschen, der in seinem Leben nie verletzt worden ist. Exerzitien sind zwar in erster Linie keine Therapie, sondern Begegnung mit Gott. Aber wir können Gott nicht begegnen, wenn wir nicht alles, was in uns ist, in diese Begegnung einbringen. Wenn wir wirklich beten wollen, müssen wir ihm unsere ganze Wahrheit hinhalten. Im Gebet begegnen wir Jesus Christus, dem Heiland, der auch heute unsere Verletzungen und Kränkungen heilen möchte. Solange wir unsere Wunden nicht wahrhaben möchten, verfolgen sie uns und halten uns davon ab, uns ganz und gar Gott gegenüber zu öffnen. Die Wunden der Vergangenheit, die nicht angeschaut werden, verdammen uns dazu, entweder andere zu verletzen oder uns selbst zu kränken. Ich erlebe immer wieder Menschen, die sich unbewußt Situationen aussuchen, in denen sie die nicht geheilten Verletzungen der Kindheit wiederholen. Da sucht sich eine junge Frau einen Freund, der sie genauso entwertet und nicht ernst nimmt wie ihr Vater. Da sucht sich jemand eine Gemeinschaft, die ihn in gleicher Weise verletzt wie die eigene Mutter.

Die Geschichte von der Heilung des Aussätzigen, wie sie uns Markus 1,40–45 berichtet, möchte uns einladen, alle unsere Wunden Christus hinzuhalten, damit Er sie berühre und heile. Da kommt ein Aussätziger auf Jesus zu und bittet ihn um Hilfe. Ein Aussätziger, das ist ein Mensch, der sich selbst nicht ausstehen kann, der sich selbst nicht akzeptiert und sich daher von allen anderen ausgeschlossen und ausgesetzt fühlt. Das ist oft ein Teufelskreis, aus dem wir nicht ausbrechen können. Wir können uns selbst nicht annehmen und deuten alle Worte und alle Gesten von anderen im negativen Sinn. Wenn einer redet, redet er über mich. Wenn einer lacht, lacht er mich aus. In allem sehe ich immer nur meine eigene Ablehnung. So sondere ich mich mehr und mehr ab, wie es die Aussätzigen in Israel tun mußten. Die mußten in eigenen Siedlungen wohnen und durften nicht in Berührung kommen mit gesunden Menschen. So fühlen sich viele Menschen heute. Sie wohnen in den ausgegrenzten Siedlungen ihrer eigenen Angst, ihrer Selbstablehnung, ihrer Unfähigkeit, sich unter die Leute zu mengen. Sie haben Angst, sich den anderen zuzumuten. »Ich bin ja unmöglich. Mich kann man ja gar nicht mögen.«

Der Aussätzige in unserer Geschichte sieht seine Not und Hilflosigkeit. Er wagt es, aus seiner Isolierung auszubrechen. Er geht auf Jesus zu, fällt vor ihm auf die Knie und sagt zu ihm: »Wenn du willst, kannst du machen, daß ich rein werde.« (Mk 1,40) Wie der Aussätzige müssen auch wir unsere Ohnmacht zugeben. Wir können uns nicht selbst heilen. Wir können nicht einfach beschließen, daß wir uns von heute an annehmen, wie wir sind. Wir brauchen die Erfahrung, daß einer uns bedingungslos annimmt. Der Aussätzige traut Jesus zu, daß er ihn rein machen kann, daß er ihn befreien kann von allen Selbstvorwürfen, von aller Selbstzerfleischung und Selbstentwertung, von der Angst, abgelehnt zu werden, nicht gut genug zu sein, unansehnlich zu sein. Und er weiß zugleich, daß alle eigenen Versuche, aus dem Teufelskreis der Selbstablehnung und der Ablehnung durch andere auszubrechen, zum Scheitern verurteilt sind. So kann auch bei uns die Heilung erst beginnen, wenn wir uns in Gott hinein ergeben, wenn wir wie der Aussätzige auf die Knie fallen, um aus der Tiefe heraus zu schreien und den um Hilfe zu bitten, der allein uns zu helfen und zu heilen vermag: Jesus Christus, den Heiland der Welt.

Wie Jesus den Aussätzigen heilt, das wird in vier Schritten beschrieben, die auch für uns Schritte der Heilung sein könnten. Jesus hat Mitleid mit dem Kranken. Im Griechischen heißt es: ›splachnisteis‹. Er wurde in den Eingeweiden ergriffen. Die Eingeweide sind der Ort der verwundbaren Gefühle. Jesus behandelt den Kranken nicht von außen. Er läßt ihn bei sich eintreten. Er fühlt mit ihm. Er fühlt mit mir. Er läßt sich von mir verwunden. In und an seiner Wunde kann auch meine heilen. Dann streckt Jesus die Hand aus. Er überbrückt die Kluft, die zwischen dem Aussätzigen und ihm besteht. Wer sich selbst ablehnt, kann oft die Versuche anderer, ihm die Hand zu reichen, nicht annehmen. Deshalb ergreift Jesus nicht sogleich die Hand des Kranken, sondern bietet ihm seine Hand an. Er schafft eine Brücke, auf der der Kranke langsam zu ihm kommen kann. Ich kenne viele Menschen, die sich nicht trauen, zu Jesus zu kommen mit all dem Unrat, den sie mit sich herumschleppen. Da ist es tröstlich zu wissen, daß Jesus selbst die Hand ausstreckt und um uns wirbt, daß wir den Schritt aus der Selbstisolierung heraus wagen.

Dann berührt Jesus den Aussätzigen. Es ist nicht so angenehm, einen Aussätzigen anzufassen. Man macht sich die eigenen Hände schmutzig. Jesus hat keine Berührungsängste. Er berührt auch mich. Er berührt mich gerade dort, wo ich schmutzig und unansehnlich bin, wo alles in mir aufgewühlt und voller Aussatz ist. Er berührt mich gerade an den Stellen, die ich vor mir selbst, vor den anderen und vor Gott verbergen möchte, weil sie mir unangenehm sind, weil ich sie selbst nicht anschauen kann. Im Gebet lasse ich alles in mir von der heilenden Hand Jesu berühren, damit es rein wird, damit ich selbst dazu ja sage und es genauso liebevoll berühre und küsse wie Jesus. Mit der Hand auf meiner Wunde sagt mir Jesus: »Ich will es – werde rein!« In diesem Wort läßt Jesus die ganze Kraft seiner Liebe in mich einfließen. Es ist nicht nur ein Wort so nebenbei, sondern ein Wort in Vollmacht, ein Wort, mit der Kraft seines ganzen Herzens geladen. In diesem Wort strömt Jesu Zuwendung und bedingungslose Bejahung in mich ein, sein unbedingter Wille, daß ich bin, daß ich lebe, daß ich rein und heil bin, so gut und lauter bin, wie Gott mich geschaffen hat.

In der Geschichte heißt es: »Im gleichen Augenblick verschwand der Aussatz, und der Mann war rein.« Das klingt zu schön, um wahr zu sein. So schnell geht es bei uns nicht immer. Aber wenn wir unseren Aussatz, all das Abgelehnte und Unansehnliche in uns im Gebet der heilenden Liebe Christi hinhalten, wenn wir seine Liebe in unsere Selbstablehnung einströmen lassen, dann kann es auf einmal sein, daß wir uns bedingungslos bejahen können. Auf einmal spüre ich: Ja, ich darf so sein, wie ich bin. Es ist alles gut. In den Exerzitien sollen wir die Wunden, die im Gebet auftauchen, Christus hinhalten. Denn alles, was wir von unserer Beziehung zu Christus ausschließen, das fehlt uns an Lebendigkeit, das blockiert unsere Beziehung zu Gott.

So lade ich Sie ein, in den nächsten Tagen all das Unansehnliche, das, was Sie bei sich selbst nicht leiden mögen, das, was Sie am liebsten verborgen halten, im Gebet immer wieder Christus auszusetzen. Üben Sie sich ein in das Gebet aus der Tiefe. Bekennen Sie im Gebet Ihre Ohnmacht, sich selbst besser machen zu können. Ergeben Sie sich in die barmherzigen und liebenden Arme Gottes. Halten Sie sich Jesus hin und stellen Sie sich vor, wie Jesus mit Ihnen fühlt, wie er die Hand nach Ihnen ausstreckt und Sie berührt. Und wie in seinem Wort »Ich will es – werde rein!« seine kraftvolle und heilende Liebe in Sie einströmt. Wenn Sie in diesen Tagen zur Kommunion gehen, können Sie sich vorstellen, daß in der Hostie Jesus selbst sich in Ihre Hand legt, Sie berührt und alles in Ihnen durchdringt, was Sie bei sich selbst ablehnen und verdrängen. Das Brot, das Sie in der Eucharistie essen, ist die fleischgewordene Zusage Gottes: »Ich will es – werde rein!« Wenn Er es will, daß Sie rein sind, dann sollten auch Sie es mit aller Kraft wollen, daß alles in Ihnen gut ist, weil es von Christus berührt ist, daß alles in Ihnen sein darf, weil Christus selbst gutheißt, was in Ihnen ist.

Gebet

Herr, ich komme zu Dir mit allem, was ich bei mir nicht anschauen mag, mit all dem Unahnsehnlichen und Unausstehlichem, das ich vor anderen verbergen möchte, mit dem Aussatz, der mich ausschließt aus der menschlichen Gemeinschaft. Ich halte Dir meine Wahrheit hin und bitte Dich: Berühre mich mit Deinen liebenden Händen, damit ich es auch wage, in Berührung zu kommen mit allem, was in mir ist, auch mit dem Dunklen und Unangenehmen, mit dem Verdrängten und vom Leben Ausgeschlossenen. Sag' Du Dein Wort der Liebe und Bejahung, damit ich mich selbst bejahen kann mit allem, was in mir ist, damit ich mit dem Herzen einsehen kann, daß alles in mir gut ist und rein vor Dir. Amen.

IV. Beten im Verborgenen
(Matthäus 6,5–6)

Exerzitien sind eine Einübung in das Beten, eine Schule des Gebetes. Wie wir beten sollen, das sagt uns Jesus in der Bergpredigt bei Matthäus 6,5–6: »Wenn ihr betet, macht es nicht wie die Heuchler. Sie stellen sich beim Gebet gern in die Synagogen und an die Straßenecken, damit sie von den Leuten gesehen werden. Amen, das sage ich euch: Sie haben ihren Lohn bereits erhalten. Du aber geh in deine Kammer, wenn du betest, und schließ die Tür zu; dann bete zu deinem Vater, der im Verborgenen ist. Dein Vater, der auch das Verborgene sieht, wird es dir vergelten.« (Mt 6,5f) Jesus bezieht sich mit diesen Worten auf die reiche Gebetspraxis der Juden. Zu festen Zeiten betete der Jude im Tempel und auch privat. Aber auch das persönliche Beten wurde für manche aus den pharisäischen Kreisen zu einem verdienstlichen Werk. Man stellte sich bewußt so zum Gebet auf, daß man von anderen gesehen wurde. Man wollte mit seinem vielen Beten die Anerkennung der Leute erringen. Jesus wendet sich gegen den Mißbrauch des Betens. Wenn einer sich im Gebet nur selbst gut darstellen möchte, so ist das für Jesus Schauspielerei. Dagegen lädt er uns ein, beim Beten an einen einsamen Ort zu gehen, an dem uns niemand sieht. Jesus spricht von der Vorratskammer, einer Art Schuppen im palästinischen Bauernhaus. In sie soll der Beter gehen und die Türe verschließen.

Beten ist für Jesus ein einsames Geschehen zwischen Gott und dem Menschen. Es ist keine Leistung, mit der wir vor anderen glänzen können. Wir sollen unser Beten nicht dazu mißbrauchen, unser Selbstwertgefühl zu steigern. Weil ich so viel bete, bin ich besser als die anderen und schaue auf die anderen herab. Das wäre genau die Weise, wie die Heuchler ihr Gebet verstanden haben. Ihnen ging es nicht um Gott, sondern um ihr eigenes Prestige, um ihr eigenes Selbstwertgefühl. Das Ziel ihres Betens ist nicht die Begegnung mit Gott, sondern, daß sie sich gut vorkommen, daß sie sich über andere erheben und auf sie herabschauen können. Sie kreisen in ihrem Beten nur um sich selbst. Beten aber heißt, Gott eintreten lassen in die Kammer meines Hauses, um mit Gott allein zu sein und sich von Ihm verwandeln zu lassen.

Unser Beten soll im Verborgenen geschehen. Das meint nicht nur, daß wir es nicht vor aller Augen tun sollen. Das Verborgene meint vielmehr auch die innere Kammer, in die wir eintreten sollen. Beten heißt, in die Kammer des eigenen Herzens eintreten und dort die Türe vor dem Lärm der Welt verschließen. Beten ist etwas sehr Intimes. Es geschieht im innersten Raum unserer Seele. Dort begegnen wir Gott, der in unserem Herzen verborgen wohnt. In uns ist ein Raum der Stille, zu dem die Welt keinen Zutritt hat, zu dem der Lärm unserer eigenen Gedanken nicht vordringen kann. Es ist der Raum, in dem Gott selbst in uns wohnt. Und dort, wo Gott in uns wohnt, da kommen die eigenen Gedanken zum Schweigen, da schweigen die Selbstvorwürfe, die ärgerlichen Gefühle, da schweigt das Nörgeln über andere, da schweigt die Unzufriedenheit, die Bitterkeit, die Ehrsucht, die Berechnung. Da wird es ganz still in uns. Und dort werden wir wahrhaft frei von der Macht dieser Welt, von der Macht der Menschen mit ihren Erwartungen und Ansprüchen, ihren Urteilen und Verurteilungen. Beten heißt nicht nur, daß wir mit Gott über unser Leben sprechen, daß wir ihn fragen, ob unser Leben so stimmt, wie wir es leben. Beten heißt nach den Worten Jesu vielmehr auch, daß wir in den inneren Raum der Stille eintreten und uns dort vor dem Lärm der Welt verbergen, um mit Gott allein zu sein, um Gott, der in diesem verborgenen Raum unseres Hauses wohnt, zu begegnen und in ihm zur Ruhe zu kommen.

So haben die Mystiker das Gebet schon immer verstanden. Evagrius Ponticus, einer der wichtigsten Mönchsschriftsteller aus dem 4. Jahrhundert, spricht vom Ort Gottes in uns, in dem wir das eigene Licht schauen, in dem wir in Berührung kommen mit unserem wahren Selbst, mit dem unverfälschten Bild, das Gott sich von uns gemacht hat. Und er nennt diesen inneren Raum »Schau des Friedens«. In ihm ist es ganz still. Da hört der Streit auf, der so oft in unserer Seele tobt, der Streit zwischen den verschiedenen Bedürfnissen, zwischen den Leidenschaften, zwischen den Emotionen, zwischen den sich widersprechenden Gedanken. Da kommt unser Herz zur Ruhe, da herrscht der Friede Gottes. Es ist zugleich der Ort, zu dem der Streit der Menschen nicht vordringen kann. Da haben die Mißgunst und die Ablehnung durch andere keinen Zutritt. Da ist es nicht wichtig, was die anderen von uns denken und reden. Da sind wir allein mit unserem Gott. Dort finden wir Heimat, weil Gott selbst, das Geheimnis, in uns wohnt. Daheim sein kann man nur, wo das Geheimnis wohnt.

Jesus sagt uns, daß der Gott, der in uns wohnt, auch das Verborgene sieht. Er schaut in unser Herz, er kennt alle Winkel unserer Seele, in die wir uns gerne zurückziehen, um uns vor Gott und vor den Menschen zu verstecken. Er durchschaut die egoistischen Motive unseres Betens. Vor seinen Augen bleibt nichts verborgen. Da bleibt uns nichts anderes übrig, als ihm unsere ganze Wahrheit hinzuhalten. Wenn ich Gott alles anschauen lasse, was in mir ist, dann fühle ich mich wirklich frei. Allein die Wahrheit wird uns frei machen, sagt uns Jesus im Johannesevangelium. Wenn ich vor Gott nichts verbergen muß, dann höre ich auf, mich selbst für irgendetwas zu verurteilen. Ich weiß, daß alles, auch das Dunkle und Böse, das Bittere und Vergiftete, daß auch die Abgründe meines Herzens von Gottes Liebe bewohnt sind. Daher brauche ich auch nichts mehr vor mir selbst zu verbergen. Auch ich kann nun mein ganzes Haus bewohnen. Denn in jeder Kammer, auch in den dunklen Kellerräumen, wohnt Gott und erhellt sie mit dem warmen Licht seiner Liebe. Viele bewohnen ihr Haus nur halb. Aber all die unbewohnten Räume schaden dem Haus und nagen an ihm. Was wir vor uns und vor Gott und voreinander verbergen, das fehlt uns an der eigenen Lebendigkeit.

In der Geschichte der Spiritualität wurde die innere Kammer, in die wir uns beim Beten einschließen sollen, mit den verschiedensten Bildern beschrieben. Die Kirchenväter sprechen vom Allerheiligsten, vom Sanctissimum. Sie beziehen sich auf den Tempel, der verschiedene Vorhöfe und Hallen hatte, die jeweils vorbehalten waren für die Heiden, für die Männer, für die Frauen. In das Allerheiligste durfte nur der Hohepriester eintreten. Zum Allerheiligsten unseres Herzens hat nur Christus Zutritt, der in uns und mit uns zum Vater betet. Dieser Raum ist verschlossen gegenüber den Heiden, gegenüber den Sorgen, die uns oft genug quälen, den Sorgen um unseren Lebensunterhalt, den Sorgen um unsere Arbeit, um unsere Familie, um die Freunde und den Sorgen um uns selbst, um unsere Gesundheit, um unsere Empfindlichkeit, um unsere Ängste, um unser Perfektsein. In diesem Raum des Allerheiligsten, den ich im Gebet betreten darf, kann auch ich heilig werden, heil und ganz, da kann auch ich in Berührung kommen mit dem ursprünglichen Glanz, den Gott mir zugedacht hat, mit der unversehrten Schönheit, in der Gott mich geschaffen hat.

Katharina von Siena spricht von der inneren Zelle, in die wir uns im Gebet zurückziehen, in der wir allein sind mit unserem Gott. Für Teresa von Avila geschieht das innere Gebet im innersten Gemach der Seelenburg, in das wir uns zurückziehen, um allein mit Gott als unserem Freund zu reden, »weil wir sicher sind, daß er uns liebt«. ›Cella est coelum‹, sagen die Mönche, die innere Zelle ist der Himmel, da öffnet sich über uns der Himmel. Da wird unser Leben weit. Da spüren wir, daß wir nicht nur Menschen dieser Erde, sondern auch Menschen des Himmels sind. Da haben wir teil an der Herrlichkeit des Himmels, am ewigen Lobgesang, der im Himmel erklingt. Die Mönche haben noch einen anderen Begriff für die innere Zelle. ›Cella est valetudinarium‹, die Zelle ist der Ort, an dem ich gesund werde. Weil Gott selbst in dieser inneren Zelle wohnt, werde ich gesund, wenn ich im Gebet darin eintauche. Im Gebet bin ich eingehüllt in die liebende und heilende Gegenwart meines Gottes, da können in der Liebe Gottes meine Wunden heilen. Da fließt Gottes Liebe ein in die gekränkten und verletzten Gefühle, in die Bitterkeit meines Herzens, in die vergifteten Bereiche meines Leibes und meiner Seele, in all das Harte und Verhärtete, in das Verdrängte und vom Leben Abgeschnittene. Im Raum der Stille bin ich schon heil. Aber dieses Heil will von der inneren Zelle aus in alle Zellen meines Hauses eindringen, damit Gottes Heil und Gottes Gesundheit sich überall in mir ausbreiten können.

Andere Bilder, die von diesem inneren Raum des Gebetes gebraucht werden, sind die Bilder, die das Hohelied von der Braut gebraucht. Sie ist ein verschlossener Garten, ein versiegelter Quell. (Vgl. Hld 4,12) In uns sprudelt die Quelle des Heiligen Geistes, die Quelle der göttlichen Liebe. Aber oft genug sind wir von dieser Quelle abgeschnitten durch eine dichte Schuttschicht von Sorgen und Grübeleien, die sich über die Quelle gelegt haben. Im Gebet räumen wir mehr und mehr das Geröll unserer vielen Gedanken ab und legen die Quelle wieder frei, die in unserem Innersten reines Wasser hervorbringt. Im Gebet trinken wir aus diesem Quell der Liebe in unserem Innern. Es ist Gottes Liebe selbst, von der das Hohelied sagt: »Süßer als Wein ist deine Liebe.« (Hld 1,2) Im Gebet trinke ich aus der Quelle der göttlichen Liebe, damit sie durch mich hindurchströmen kann auf all die Menschen, denen ich täglich begegne.

Ein anderes Bild ist das der Glut. Auch dieses Bild wird im Hohenlied für die Liebe gebraucht: »Ihre Gluten sind Feuergluten, gewaltige Flammen.« (Hld 8,6) Lukas spricht vom Feuer des Heiligen Geistes. In uns ist die Glut des Hl. Geistes, die Glut der göttlichen Liebe. Wir sind nicht ausgebrannt. Wenn wir in uns hineinschauen, treffen wir nicht auf die Asche verbrannter Hoffnungen, sondern auf eine starke Glut der Liebe. Beten heißt, die Glut der göttlichen Liebe wieder in mir spüren und mich von dieser Glut erwärmen und beleben lassen, damit sie dann durch mich auch anderen Wärme spenden kann. Beten heißt, das Feuer in mir zu hüten, damit dann von diesem Feuer der göttlichen Liebe auch ein Funken auf die überspringen kann, mit denen ich zu tun habe.

So möchte ich Ihnen als Übung vorschlagen, daß Sie sich still vor Gott hinsetzen. Treten Sie ein in die Kammer Ihres Herzens und versuchen Sie die Türe zu schließen. Gönnen Sie sich eine halbe Stunde oder eine Stunde, um einfach nur allein zu sein mit Ihrem Gott. Folgen Sie Ihrem Atem und stellen Sie sich vor, wie Sie beim Ausatmen die Geröllschicht beiseite räumen, die über Ihrer inneren Zelle, über dem versiegelten Quell, über der Glut der Liebe liegt. Und dann nehmen Sie das Bild, das Sie am ehesten anspricht, das Bild der inneren Quelle, der Glut, die in Ihnen brennt, das Bild des Allerheiligsten, in dem Sie heil werden, das Bild der inneren Zelle, in der Sie allein sind mit Ihrem Gott, in der Sie mit Gott reden können wie mit Ihrem Freund, wie Teresa von Avila sagt. Und bleiben Sie so eine halbe Stunde sitzen. Sie werden erleben, daß die Türen Ihres Herzens nicht immer verschlossen bleiben, daß da trotzdem immer wieder der Lärm Ihrer Gedanken eindringt. Aber kümmern Sie sich nicht darum. Schauen Sie die Gedanken an und lassen Sie sie vorüberziehen wie eine Wolke. Ziehen Sie sich noch tiefer in die innere Kammer zurück, dorthin, wo nichts mehr hindringen kann. Vielleicht gibt es ein paar Augenblicke, in denen Sie das Gefühl absoluter Stille haben. Das ist dann die Erfahrung, zu der Jesus uns in seiner Gebetsschule führen will: allein zu sein mit Gott, eins zu werden mit dem, den meine Seele liebt, in Gott sein: Du in mir und ich in Dir. Vielleicht können Sie dann mit Teresa sagen: »Wer Gott hat, dem fehlt nichts: Gott nur genügt.«

Gebet

Herr Jesus Christus, Du hast uns gelehrt, wie wir beten sollen. Lehre mich in diesen Exerzitien, so zu beten, daß ich Gott in der Verborgenheit meines Herzens erfahren darf. Laß mich in Berührung kommen mit dem innersten Raum meines Herzens, in dem Du selbst wohnt, in dem ich ganz frei sein darf und heil, in dem Du mich zu mir selbst, zu meinem wahren Wesen führst. Und laß mich dort, wo Du in mir wohnst, erfahren, was die hl. Teresa so beglückend erfahren durfte, daß dem, der Dich hat, nichts fehlt, daß Du allein genügst. Amen.

V. Der Geist selbst betet in uns
(Römerbrief 8,14–16)

Die Exerzitien wollen uns einüben in das Leben aus dem Geist Gottes, in das Leben aus dem Heiligen Geist. Paulus stellt uns im Römerbrief das Leben aus dem Geist vor Augen. »Alle die sich vom Geist Gottes leiten lassen, sind Söhne Gottes. Denn ihr habt nicht einen Geist empfangen, der euch zu Sklaven macht, so daß ihr euch immer noch fürchten müßtet, sondern ihr habt den Geist empfangen, der euch zu Söhnen macht, den Geist, in dem wir rufen: Abba, Vater!« (Röm 8,14f) Wenn wir aus dem Heiligen Geist heraus leben, werden wir frei von der Angst, ob wir vor dem Urteil der Menschen gut genug sind. Wir sind frei von dem Zwang, uns beweisen und rechtfertigen zu müssen. Es gibt viele Menschen, die ihr Selbstwertgefühl abhängig machen vom Urteil der anderen. Sie sind Sklaven, deren Marktwert an der Meinung der anderen gemessen wird.

Der Heilige Geist – so sagt uns Paulus – befreit uns zu Söhnen und Töchtern Gottes. Als Söhne sind wir frei gegenüber den Kommentaren der Menschen um uns herum, frei gegenüber der Macht dieser Welt. Wenn ich weiß, daß ich geliebter Sohn und geliebte Tochter Gottes bin, dann muß ich nicht überall um Zuwendung betteln. Ich bin nicht mehr Sklave der anderen, die mich mit ihren Erwartungen bestimmen können. Ich bin auch nicht mehr Sklave des Gesetzes, Sklave meiner inneren Gesetze, die mir ständig vorschreiben, immer besser zu werden, immer höher zu steigen, immer perfekter zu handeln.

Für mich gibt es verschiedene Übungen, die mir helfen können, aus dem Geist Gottes heraus zu leben. Da ist einmal die Beobachtung des eigenen Atems. Spüren Sie Ihrem Atem nach, wie er kommt und geht. Und stellen Sie sich vor, daß dieser Atem nicht nur Luft ist, sondern Gottes Atem, Gottes Geist, Gottes Heiliger Geist. Im Atem durchdringt Sie der Heilige Geist. Wenn Sie dem nachspüren, erleben Sie vielleicht, daß Sie ganz bei sich sind, daß da der Ungeist der Welt keinen Zutritt hat, der Sie immer wieder versklaven möchte. Und Sie erahnen, daß alles in Ihnen von Gottes Heiligem Geist, von Gottes Liebe durchdrungen und berührt ist. Gott ist nicht der ferne Gott, sondern der, der in Ihnen atmet, der alles in Ihnen mit seiner zärtlichen Liebe erfüllt, der Ihnen einen neuen Geschmack schenkt, den Geschmack der göttlichen Liebe. Das ist dann nicht mehr das Sklavendasein, in dem wir irgendwelchen Ansprüchen von innen oder außen gerecht werden müssen, sondern das Leben von Söhnen und Töchtern, die frei sind, die wirklich leben. Leben aus dem Heiligen Geist, das ist für Paulus wirkliches Leben. Das ist das neue Leben, das Christus uns schenkt.

Und dieses neue Leben drückt sich vor allem im Gebet aus. Denn der Heilige Geist ist es, der in uns betet, der uns in unserer Schwachheit zu Hilfe kommt. »Denn wir wissen nicht«, sagt Paulus im Vers 26, »worum wir in rechter Weise beten sollen; der Geist selber tritt jedoch für uns ein.«

Im Heiligen Geist, der in uns atmet, dürfen wir zu Gott sprechen: »Abba, Vater!« (Röm 8,15) Abba, das ist in der aramäischen Muttersprache Jesu ein zärtlicher Kosenamen für den Vater, wie er in der Familie benutzt wurde. Mit diesem Wort »Abba – lieber Vater« hat Jesus selbst Gott angesprochen. Paulus nimmt hier Jesu eigenes Gebet auf. Im Heiligen Geist haben wir teil am Gebet Jesu, da beten wir mit Jesus zu unserem Vater. Und wir dürfen ihn genauso liebevoll und vertrauensvoll anreden wie Jesus selbst. Im Gebet dürfen wir die gleiche Nähe zum Vater im Himmel erfahren, wie sie Jesus gelebt hat. Manch einer, der mit seinem leiblichen Vater nicht so gute Erfahrungen gemacht hat, tut sich vielleicht schwer damit, Gott mit Vater anzusprechen. Aber auch er ahnt, daß es so etwas geben muß wie einen Vater, der mir das Rückgrat stärkt, der mir den Rücken freihält, der mir Mut macht zum Leben.

Leben aus dem Heiligen Geist, Leben als Söhne und Töchter Gottes, das ist für die frühen Mönche unablässiges Gebet. Der Geist selbst ist es, der in uns betet. Wir müssen uns gar nicht anstrengen, immer bewußt Worte zu formulieren. Unablässiges Gebet, das heißt, daß wir dem Geist trauen, der in uns betet. Für Augustinus besteht das unablässige Gebet darin, daß wir mit der Sehnsucht in uns in Berührung kommen. Im Grunde unseres Herzens sehnen wir uns nach Gott. Der Heilige Geist, der »mit Seufzen, das wir nicht in Worte fassen können« (Röm 8,26) für uns eintritt, facht in uns die Sehnsucht an, die in uns ist, von der wir aber oft genug im Getriebe des Alltags abgeschnitten sind. Im Heiligen Geist beten, heißt dann, daß wir uns mit allem, was in uns ist, nach dem Gott der Liebe sehnen, der allein unsere Sehnsucht zu erfüllen vermag. »Willst du das Beten nicht unterbrechen, so unterbrich die Sehnsucht nicht«, so sagt Augustinus. »Denn die Sehnsucht ist dein ununterbrochenes Gebet.« Indem wir im Gebet mit der Sehnsucht unseres Herzens in Berührung sind, spüren wir, daß wir nicht nur Menschen dieser Erde sind, sondern zugleich Menschen des Himmels, Menschen, die jetzt schon in Gott sind.

Versuchen Sie, während dieser Exerzitien bei allem, was Sie tun, mit der Sehnsucht Ihres Herzens in Berührung zu kommen. Spüren Sie, daß Ihr Herz diese Welt übersteigt, daß es sich nach Gott sehnt, nach bedingungsloser Liebe, nach endgültigem Daheimsein, nach absoluter Geborgenheit. Dann beten Sie. Sie brauchen keine Worte zu machen. Das Seufzen Ihres Herzens ist das Seufzen des Heiligen Geistes. Der Geist selbst betet in Ihnen. Sie müssen Ihm nur Raum gewähren. Dann wird der Geist Sie hineinführen in eine ganz vertrauensvolle und intime Liebe zum Vater. Mit Jesus dürfen Sie zum Schöpfer des Himmels und der Erde sagen: »Abba, lieber Vater.« Mit Jesus dürfen Sie sich als Sohn und Tochter Gottes wissen. Sie sind nicht mehr Sklave. Sie müssen nicht irgendwelche Gesetze erfüllen, sondern Sie sind frei, befreit zum geliebten Sohn und zur geliebten Tochter Gottes. Das ist wahres Leben.

Gebet

Vater im Himmel, Dein Sohn Jesus Christus hat uns gelehrt, Dich mit dem vertrauten Namen »Abba, lieber Vater« anzusprechen. Ich danke Dir, daß ich Dein Kind bin und nicht mehr Sklave, der an seiner Leistung gemessen wird. Laß mich in der Freiheit der Kinder Gottes leben und aus dem Vertrauen, daß Du als mein Vater mir das Rückgrat stärkst und den Rücken freihältst, damit ich das Leben in Freiheit wage, das Du mir geschenkt hast, ein Leben in Fülle, ein buntes und lustvolles Leben, in das Du mich gestellt hast. Amen.

VI. *»Du bist mein geliebter Sohn«* *»Du bist meine geliebte Tochter«*

(Lukas 9,28–36)

In den Exerzitien verlassen wir das Tal unseres Alltags, um Gott auf dem Berg der Einsamkeit näher zu kommen und im Gebet Gottes heilende und liebende Nähe zu erfahren. Im 9. Kapitel lädt uns der Evangelist Lukas ein, mit Jesus auf einen hohen Berg zu steigen, um dort mit ihm zu beten und mit ihm verwandelt zu werden. »Etwa acht Tage nach diesen Reden nahm Jesus Petrus, Johannes und Jakobus beiseite und stieg mit ihnen auf einen Berg, um zu beten. Während er betete, veränderte sich das Aussehen seines Gesichtes und sein Gewand wurde leuchtend weiß.« (Lk 9,28f)

Wenn wir so intensiv beten, wie Jesus es getan hat, dann kommen wir im Gebet in Berührung mit dem eigentlichen Bild, das Gott sich von uns gemacht hat, dann fallen alle unsere Rollen und Masken von uns ab und das ursprüngliche Bild Gottes wird sichtbar. Dann klärt sich auch bei uns das Trübe auf. Dann sehen wir klar, wir blicken durch. Für Erhart Kästner ist Verklärung Durchschein des Ewigen, Verwandlung ins Eigentliche. Im Gebet, so sagt uns Lukas, kann diese Verwandlung geschehen. Das wünsche ich Ihnen in den Exerzitien, daß Sie so intensiv beten können, daß alles, was Sie sonst beschäftigt, von Ihnen abfällt und Sie in Berührung kommen mit dem Urbild, das Gott in Ihnen zum Leuchten bringen will, daß Sie das neblige Tal Ihres Alltags hinter sich lassen und auf dem Berg Gottes heilende und verwandelnde Nähe erfahren.

Als Jesus im Gebet verwandelt wird, erscheinen ihm Mose und Elija. Wenn Gott uns im Gebet ganz und gar durchdringt, dann werden Mose und Elija auch bei uns auftauchen. Mose ist das Bild des Gesetzgebers und des Befreiers. Wenn wir im Beten in Gott hineinwachsen, dann kommt unser Leben in Ordnung, dann tun wir von selbst, was Gott von uns will, dann wird Gottes Gebot verinnerlicht. Und dann werden wir frei von den Fronvögten Ägyptens, die uns versklaven, die uns zu Höchstleistungen antreiben, die uns überfordern und zwingen, mehr zu arbeiten, als uns guttut, nur damit unsere Fleischtöpfe voll sind. Mose führt uns in die Freiheit Gottes. Er führt uns in das Gelobte Land, in das Land, in dem wir ganz wir selbst sein dürfen, nicht mehr von anderen bestimmt, sondern von Gott selbst geleitet. Wenn Gott uns im Gebet von innen heraus verwandelt, dann werden wir von alleine Gottes Willen erfüllen, dann werden wir frei von den Ängsten, wir könnten zu kurz kommen, die vollen Fleischtöpfe könnten uns fehlen.

Elija ist das Bild des Propheten. Er ist der größte Prophet des Alten Testaments, ein Mann wie Feuer. Er zeigt uns, daß auch wir eine prophetische Berufung haben. Wenn wir im Gebet offen geworden sind für Gott, dann entdecken wir auch, zu welcher Sendung Gott uns ausersehen hat. Jeder kann in dieser Welt etwas von Gott sichtbar machen, was allein durch ihn aufleuchten kann.

Jeder hat mit seinem Leben ein Wort zu sagen, das nur durch ihn erklingen kann. In den Exerzitien sollen wir unsere persönliche Berufung, unsere prophetische Sendung erkennen, damit wir sie authentisch leben können. So möchte ich Sie zu folgender Übung einladen: Stellen Sie sich vor, Sie stehen kurz vor Ihrem Tod. Überlegen Sie, welchem Menschen Sie noch einmal schreiben möchten. Und dann schreiben Sie einen Brief, in dem Sie diesem Menschen sagen, was Sie in Ihrem Leben vermitteln wollten, was die eigentliche Botschaft Ihres Lebens sein sollte. Sie brauchen keine Angst vor großen Worten zu haben. Wir werden nie ganz leben, was wir im Tiefsten unseres Herzens ersehnen. Aber trotzdem tut es uns gut, uns zu überlegen, wofür wir überhaupt antreten, was die Leitidee unseres Lebens ist. Warum stehe ich jeden Morgen so früh auf, warum nehme ich all die Unbilden in Kauf, die das Leben mit sich bringt? Warum strenge ich mich an? Was möchte ich in jeder Begegnung den Menschen vermitteln? Was sollen Sie an mir, an meinem Leib, an meiner Seele, an meinem Herzen, an meinen Augen, an meinen Worten ablesen? Was ist die tiefste Motivation für mein Leben, was möchte ich als letztes Wort, als mein Vermächtnis den Menschen hinterlassen? Bewahren Sie sich diesen Brief auf, damit Sie sich von Zeit zu Zeit bewußt machen, was Ihre prophetische Sendung in dieser Welt heute ist, was die tiefste Botschaft Ihres Herzens ist, was Sie den Menschen mit Ihrem ganzen Leben vermitteln möchten.

Trotz der Verklärung Jesu sind die Jünger eingeschlafen. Das ist tröstlich für uns. Wir erfahren Gottes Nähe, aber schon kurze Zeit später berührt sie uns nicht mehr. Wir schlafen ein. Wir leben, als ob es Gott nicht gäbe. Der indische Jesuit de Mello vergleicht unser Leben mit dem Schlaf. Wir schlafen, leben in irgendwelchen Illusionen, aber wir übersehen die eigentliche Wirklichkeit, wir übersehen die Wirklichkeit Gottes in unserem Leben.

Als die Jünger wach werden und Mose und Elija in ihrem strahlenden Licht bei Jesus stehen sehen, da möchte Petrus die Situation am liebsten festhalten. Jetzt ist er so begeistert von der Nähe Gottes, daß er gleich drei Hütten bauen möchte. Manchmal dürfen wir auch in den Exerzitien solche Taborstunden erleben. Da ist uns auf einmal alles klar, da spüren wir die Liebe Gottes, da sind wir wie Petrus begeistert von diesem Jesus Christus und seiner Liebe zu uns. Da wollen wir uns, wie der Psalmist sagt, satt sehen an seiner Gestalt, an seiner Herrlichkeit, an seiner Liebe. Wir wollen diese Erfahrung fest in unserem Leben verankern. Wir versprechen Jesus, daß wir von nun an anders leben werden, daß wir seiner überwältigenden Liebe mit unserem ganzen Leben antworten werden. Aber schon im nächsten Augenblick wissen wir nichts mehr davon. Wir schlafen wieder ein. Oder wir geraten in Angst wie die Jünger, sobald eine Wolke die Lichterfahrung verdunkelt. Auf einmal sehen wir nichts mehr als die Wolke. Alles wird dunkel in uns und um uns herum. Es ist, als ob wir Gott nie erfahren hätten. Und dann bekommen wir Angst. Wir wissen nicht mehr weiter. Die Erfahrung von Gottes Nähe und Ferne liegen ganz eng zusammen. Auf jede intensive Gotteserfahrung folgt fast notwendigerweise auch die Erfahrung des Gegenteils, die Erfahrung des Bösen, das uns von innen oder außen bedroht.

Mitten aus der Wolke ruft auf einmal die Stimme Gottes: »Das ist mein auserwählter Sohn, auf ihn sollt ihr hören.« (Lk 9,35) Die Jünger hatten Jesu Herrlichkeit geschaut. Jetzt müssen sie sich damit begnügen, Jesu Worte zu hören. Glauben braucht die Erfahrung, das Sehen der göttlichen Wirklichkeit. Aber Glauben kommt auch vom Hören. Und es gibt Strecken in unserem Leben, da muß uns das Wort Gottes genügen.

In den Exerzitien geht es ja darum, das Wort Gottes in unser Herz fallen zu lassen, es mit einem aufgeschrecktem Herzen neu zu hören, so zu hören, daß wir davon leben können. Wenn uns ein Wort berührt, dann kann es in uns einen tiefen Frieden schaffen. Wie die Jünger müssen wir wieder herabsteigen vom Berg der Verklärung, den wir vielleicht in den Exerzitien erleben dürfen. Wir müssen in das Tal unseres Alltags zurück. Dort hüllen uns oft genug Nebel ein oder Wolken verdecken uns die Sonne. Aber mitten im Nebel und mitten aus der Wolke hören wir die Stimme Gottes: »Das ist mein auserwählter Sohn, auf ihn sollt ihr hören. Seine Worte sind Nahrung genug für euch. Wenn ihr sie mit ganzem Herzen aufnehmt, dann wohne ich selbst in euch, dann erfahrt ihr, daß auch ihr meine auserwählten, meine gesegneten Söhne und Töchter seid. Jedes Wort der Heiligen Schrift will euch das vermitteln, daß ihr ganz und gar geliebt seid.«

Die Mönchstradition kennt die Übung der ›lectio divina‹, der göttlichen Lesung. Sie lesen die Hl. Schrift nicht, um ihr theologisches Wissen zu vermehren, sondern sie lesen das Wort Gottes, um im Wort der Bibel Gottes Herz zu entdecken und sich von Gottes Wort verwandeln zu lassen. Wenn sie ein Wort ins Herz trifft, dann meditieren sie es, sie kosten und schmecken es. Wie Maria bewahren sie das Wort in ihrem Herzen und wenden es hin und her, sie fügen es im Hl. Geist so zusammen, daß es sie ganz und gar prägt. Das nennen die Mönche dann Meditation. Meditation heißt nicht, über das Wort Gottes nachdenken, sondern es ins Herz fallen lassen, damit es das Herz erfüllt und verwandelt. Die Meditation des göttlichen Wortes, so sagen die Mönche, wird in uns die Sehnsucht nach Gott entfachen. In der ›oratio‹, in einem kurzen affektiven Gebet, antworten sie auf die Meditation und bitten Gott, ihnen die Sehnsucht ihres Herzens zu erfüllen. Das Wort führt uns dann in das wortlose Geheimnis Gottes. Das nennen die Mönche dann Kontemplation. Ich übersteige das Wort und ruhe aus im Schweigen mit Gott und in Gott. Das Wort hat mich zur absoluten Stille geführt, in der ich eins werde mit Gott, jenseits aller Worte, Gedanken und Bilder.

So möchte ich Ihnen als Übung die ›lectio divina‹ vorschlagen. Lassen Sie das Wort aus der

Verklärungsgeschichte »Du bist mein auserwählter, mein geliebter Sohn. Du bist meine geliebte Tochter« in Ihr Herz fallen. Versuchen Sie, es mit dem Herzen zu kosten, zu schmecken. Und stellen Sie sich vor: Wenn das stimmt, wenn das die eigentliche Wirklichkeit meines Lebens ist, wie fühle ich mich dann? Wie erlebe ich dann meine Fehler und Schwächen? Wie geht es mir dann in meiner Einsamkeit, in meiner Traurigkeit? Lassen Sie das Wort so tief ins Herz fallen, daß Sie es mit jeder Faser Ihres Leibes und Ihrer Seele glauben können, daß es zum Urwort wird, das Sie prägt. Sie werden erfahren, daß dieses Urwort Gottes heilender und befreiender ist als die vielen Worte, die Sie sonst verinnerlicht haben, wie »Du bist mir eine Last. Du gehst mir auf die Nerven. Wenn Du doch nicht so kompliziert wärst.« und wie die Worte alle heißen, die Sie von Kindheit an über sich gehört haben. Und dann versuchen Sie, einen ganzen Tag lang mit diesem Wort zu leben: »Du bist mein geliebter Sohn, Du bist meine geliebte Tochter.« Betrachten Sie alles, was Ihnen begegnet, von diesem Wort her mit neuen Augen. Wie geht es Ihnen damit? Hat das Wort Gottes die Kraft, den Nebel Ihres Alltags aufzuhellen und das Licht vom Berg Tabor in ihre Dunkelheit leuchten zu lassen? Wenn Sie das Wort Gottes in alle Täler Ihrer Seele dringen lassen, in das Tal der Trauer, der Angst, der Selbstentwertung, des Selbstmitleids, dann kann in diesem Wort Gottes Liebe Ihr Leben verwandeln und Ihnen auch mitten im Tal Ihres Alltags die Gewißheit schenken, daß Sie geliebte Söhne und Töchter Gottes sind, daß die Liebe Gottes der eigentliche Grund Ihres Lebens ist. Und vielleicht wächst dann in Ihrem Herzen ein tiefer Friede, ein Einverstandensein mit sich, ein abgrundtiefes Vertrauen, daß Sie gewollt und geliebt sind, auserwählt und herausgenommen aus der Menge, einzigartig und einmalig.

Trauen Sie dem Wort Gottes. Es ist Nahrung für Leib und Seele. Denn der Mensch lebt nicht vom Brot allein, sondern von jedem Wort, das aus dem Munde Gottes kommt. Das Wort Gottes begleitet Sie auch mitten im Tal Ihres Alltags, wenn eine Wolke den Berg der Verklärung wieder verdeckt, wenn Sie nichts mehr spüren von der inneren Verwandlung, die Sie im Gebet erfahren haben. Wir brauchen beides: das Schauen der Herrlichkeit Gottes, die Kontemplation, in der wir Gottes Nähe erfahren, und den Glauben, der vom Hören kommt, die Bereitschaft, in Zeiten der Dürre auf das Wort Gottes zu hören und zu befolgen und uns in der Meditation vom Wort immer wieder in das wortlose Geheimnis Gottes führen zu lassen.

Gebet

Unbegreiflicher Gott, im Gebet schenkst Du uns Deinen Heiligen Geist, daß Er uns verwandelt und verklärt. Ich danke Dir für alle Augenblicke der Verklärung, die ich in meinem Leben erfahren durfte, für jedes Wort, das sich mir verklärt, für jeden Blick der Liebe, der mich verwandelt hat, für die Momente, da mir alles klar geworden ist und ich Ja sagen konnte zu meinem Leben, zu meiner Geschichte, zu dieser Welt, in die Du mich gestellt hast. Laß mich in diesen Tagen der Exerzitien so beten, daß Du mich ganz und gar erfüllst und mich verwandelst, daß Deine Herrlichkeit in mir aufleuchtet und das ursprüngliche und unverfälschte Bild in mir zum Strahlen bringt. Amen.

VII. Liebendes Dasein

(Lukas 10,38–42)

Eine typische Exerzitiengeschichte ist für mich die wunderbare Szene von Marta und Maria. (Lk 10,38–42) In der Übersetzung von Fridolin Stier heißt sie: »Als sie weiterwanderten, kam er in ein Dorf. Eine Frau namens Marta nahm ihn in ihrem Haus auf. Sie hatte eine Schwester, die Maria gerufen wurde. Sie hatte sich dem Herrn zu Füßen gesetzt und hörte sein Wort. Marta aber mußte sich schinden mit vielen Diensten. Und sie trat auf und sprach: Herr, kümmert es dich nicht, daß meine Schwester mich allein dienen läßt? Sag ihr doch, daß sie mit mir zufaßt. Der Herr aber hob an und sprach zu ihr: Marta, Marta! Du sorgst dich und regst dich über vieles auf; aber man braucht nur eins. Maria hat sich also den guten Teil gewählt, der ihr nicht genommen werden soll.«

Jeder von uns trägt wohl Marta und Maria in sich. Aber da auch bei uns normalerweise die Marta das Sagen hat, müssen wir in den Exerzitien der Maria bewußt Raum geben. Jesus muß auch in uns für Maria eintreten, damit wir es uns wirklich gönnen, einfach dazusitzen und im Gebet zu hören, was Er uns sagen möchte.

Marta meint es gut mit Jesus. Sie möchte, daß er sich in ihrem Hause wohl fühlt. Sie ist, so sagt uns Lukas, »ganz davon in Anspruch genommen, für ihn zu sorgen« (Lk 10,40). Vor lauter Sorge kommt sie gar nicht dazu, Jesus zu fragen, ob er überhaupt essen möchte, ob er überhaupt die

Bedürfnisse hat, die sie meint, er müsse sie als Gast einfach haben. Sie legt Jesus auf die Rolle des Gastes fest, der sich an den Tisch zu setzen hat, um zu essen. So ist Marta für uns eine Anfrage, wie oft wir uns für andere sorgen und vieles für sie tun, ohne je gefragt zu haben, ob sie das überhaupt möchten, ob das für sie überhaupt stimmt. Wir sind so mit unserer Sorge, mit unserer Arbeit beschäftigt, daß wir betriebsblind werden, daß wir gar nicht mehr fragen, warum wir das alles tun. Und wir sind dann beleidigt, wenn uns jemand kritisiert. Ich erlebe es immer wieder, wie gerade Menschen, die viel arbeiten, höchst empfindlich sind gegenüber jeder Kritik. Sie arbeiten sich ja schon zu Tode. Wie kann es da jemand es überhaupt wagen, einen in Frage zu stellen? Wie kann die Frau den Mann, der jeden Abend spät von der Arbeit kommt, darauf ansprechen, daß er sich mehr um die Kinder kümmern sollte, weil sie den Vater brauchen. Er meint, er tue doch schon alles für die Familie. Aber daß die Kinder seine Zeit viel lieber möchten als das Geld, das er für sie verdient, das verdrängt er. Oder wie kann der Mann von seiner Frau verlangen, mit ihm spazieren zu gehen, da doch so vieles noch im Haushalt zu erledigen ist. Wie kann er von ihr Zeit für ein Gespräch erbitten, da sie doch alle Zeit für die Familie aufopfert. Oft genug verschanzen wir uns hinter unserer Arbeit, um nicht mehr in Frage gestellt zu werden, um uns selbst zu beweisen, daß wir alles richtig machen.

Die Arbeit der Martha ist sicher nicht nur uneigennützig. Sie sorgt sich nicht nur um Jesus, daß es ihm gut geht, sondern sie sorgt sich auch um ihren eigenen Ruf als gute Gastgeberin. Sie möchte im Vergleich mit anderen Gastgebern gut abschneiden. Jesus soll mit ihr zufrieden sein. Oft scheint die Arbeit zwar ein Dienst für den anderen zu sein. Aber in Wirklichkeit dienen wir uns selbst, unserem guten Image, dem Beliebtsein bei allen Leuten. So kann eine Arbeit, die ursprünglich einmal gut gemeint war, sehr schnell zur eigenen Selbstbestätigung werden oder zur Mauer, hinter der man sich versteckt. Daß die Arbeit der Marta nicht ganz selbstlos ist, hören wir aus ihrer bitteren Klage heraus: »Herr, kümmert es dich nicht, daß meine Schwester die ganze Arbeit mir allein überläßt? Sag ihr doch, sie soll mir helfen!« (Lk 10,40) Für sie ist von vornherein klar, wer im Recht ist und wer im Unrecht. Wer viel arbeitet, hat immer recht. Ihre Schwester, die es einfach wagt, Jesus zu Füßen zu sitzen und auf seine Worte zu hören, die soll endlich einmal etwas Sinnvolles tun. Aber Jesus gibt ihrer Schwester recht: »Sie hat den guten Teil gewählt, der soll ihr nicht genommen werden.«

Marta und Maria sind zwei Seiten in uns. Maria ohne Marta, das wäre nur ein frommes Kreisen um sich selbst, das wäre spiritueller Narzismus. Marta ohne Maria würde schnell zum Aktionismus, zum ›Sichbeweisen‹ durch Arbeit, durch helfende Nächstenliebe, die aber oft genug an den Bedürfnissen des anderen vorbeigeht. Auch in uns ist wohl die Marta stärker entwickelt. Sie hat die besseren Argumente für sich. Auch in uns ist die Stimme lauter, etwas zu tun, was man vorweisen kann, wo etwas dabei herauskommt. Wenn wir es wagen, wie Maria einfach in die Stille zu gehen und vor dem Herrn zu sitzen, um zu hören, was er uns sagen möchte, dann ertönt in unserem Innern gleich die Stimme der Marta: »Tue doch endlich etwas Richtiges. Es gibt soviel zu tun. Wie kannst Du Dich da einfach hinsetzen und Deine Zeit mit Gebet und Meditation vergeuden!« Da muß Jesus auch bei uns für die Maria Partei ergreifen. Maria läßt Jesus zu Wort kommen. Sie traut Jesus zu, daß er ihr etwas Neues und Wichtiges zu sagen hat. Ich kenne viele gute Christen, die nicht nur viel arbeiten, sondern die auch in ihrer Frömmigkeit sich selbst und anderen ständig etwas vorweisen wollen. Sie beten viele Gebete, sie leisten auch im Religiösen ihre Arbeit, aber sie geben Jesus gar keine Chance, daß er selbst zu Wort kommt. Sie wissen ja schon alles, was Jesus will. Es kommt für sie nur darauf an, möglichst viele Gebete oder fromme Werke zu verrichten, um sich dann stolz zurücklehnen zu können. In den Exerzitien setzen wir uns wie Maria zu Füßen Jesu und hören, was er uns sagen möchte. Vielleicht hören wir nur Schweigen. Vielleicht begegnen wir nur unserer eigenen Unruhe oder Leere. Aber gerade dann, wenn wir mit unserer Leere konfrontiert werden, kann auf einmal Gottes Stimme neu in uns gehört werden.

So möchte ich Sie einladen, sich in den nächsten Tagen bewußt Zeiten der Stille zu reservieren, in denen Sie in sich hineinhorchen, ob Gott Ihnen da etwas sagen möchte. Und wenn Sie nichts hören, halten Sie es trotzdem aus. Gott spricht nicht sofort. Er wartet erst, bis es in unserem Herzen ganz still geworden ist, damit sein Wort auch wirklich gehört werden kann. Setzen Sie sich vor Gott, vor Jesus Christus und fragen Ihn, ob Ihr Leben so stimmt, ob Ihre Arbeit so stimmt, oder ob sie sich verselbständigt hat, ob sie ins Leere geht. Achten Sie aber auch, wenn Sie spazierengehen oder wenn Sie Ihre Hausarbeiten verrichten, einmal darauf, was Jesus dazu sagen würde, was Jesus an Neuem in Ihnen zum Wachsen bringen möchte. Wenn Sie in der Stille vor Gott nur Unruhe spüren, halten Sie die Unruhe aus. Sie ist auch eine wichtige Energie. Sie könnte Ihnen zeigen, daß Ihr Weg noch woanders hingehen sollte, daß Sie nicht einfach weitermachen können wie bisher. Gott selbst schickt Ihnen die Unruhe, Er selbst versetzt Sie in Bewegung, damit Sie sich wirklich auf Ihn hinzu bewegen, daß Sie allein in Ihm zur Ruhe kommen. Und vielleicht dürfen Sie dann solche Augenblicke tiefer Ruhe und inneren Friedens erleben, in denen Sie die Wahrheit dieser Geschichte erfahren, daß nur eines genügt, vor dem Herrn zu sein, sich von Ihm lieben zu lassen und in Ihm zu wohnen. Vielleicht erahnen Sie dann, was Teresa von Avila mit ihren Worten gemeint hat: »Nichts soll dich ängstigen, nichts dich erschrecken, alles vergeht. Gott ändert sich nicht. Geduld erlangt alles. Wer Gott hat, dem fehlt nichts: Gott nur genügt.«

Gebet

Herr Jesus Christus, Du kehrst auch in mein Haus ein, so wie Du bei Maria und Marta eingekehrt bist. Du willst in der Stille der Exerzitien zu mir sprechen. Aber so oft verstecke ich mich hinter meinen vielen Aktivitäten. Es genügt mir oft, wenn ich etwas von Dir eingesehen habe. Aber ich halte es nicht aus, längere Zeit einfach vor Dir zu sein und auf Dich zu schauen und auf Dein Wort zu hören. Ich bitte Dich um Achtsamkeit und Geduld, damit ich wie Maria einfach nur vor Dir verweile und auf Dich schaue, ohne Dich für mich auszunutzen, ohne sofort Ratschläge zu wollen. Sprich zu mir in der Stille und zeige mir, daß nur eines notwendig ist, Dich in mein Leben eintreten zu lassen, Dir zu Füßen zu sitzen und mich von Dir beschenken zu lassen. Denn Du allein kannst meine tiefste Sehnsucht erfüllen. Amen.

VIII. »Du bist neu geboren worden«

(1. Petrusbrief 1,14.18.23)

In den Einzelexerzitien erlebe ich bei den Gesprächen immer wieder, wie alte Muster auftauchen, die wir von früher Kindheit an übernommen haben. Da ist vor allem das Muster des Perfektionismus, an dem so viele leiden. Wenn alles, was wir tun, perfekt sein muß, blockieren wir uns selbst und machen uns das Leben schwer. Wir können uns kaum einmal freuen über das, was Gott uns schenkt. Immer sind wir nicht gut genug. Wir setzen uns ständig unter Druck, auch im religiösen Bereich Höchstleistungen zu erbringen. Unser Gebet könnte noch besser sein, unsere Meditation konzentrierter. Wir könnten noch mehr beten. Und im Gebet fällt uns ein, was wir alles in uns verbessern müßten, welche Fehler wir uns als Christ einfach nicht leisten dürften. Aber wenn wir um unser Perfektsein kreisen, sind wir immer auf uns fixiert und finden nie zur wirklichen Begegnung mit Gott. Wir sind dann nie im Augenblick, nie vor dem gegenwärtigen Gott, der uns anschaut. Immer sind wir im Kopf. Indem wir im Kopf überlegen, was wir besser machen könnten, hindern wir uns daran, Gott in unserem Leben zu entdecken. Oft genug stellt der Perfektionismus eine Flucht vor der Durchschnittlichkeit unseres Lebens dar. Weil wir nicht die besten sind, treten wir erst gar nicht zum Kampf an.

Ein anderes Muster, das viele mit sich herumschleppen, ist die ständige Nachfrage, was die anderen von ihnen denken. Ich bin nicht bei mir. Ich richte mich nach dem, was andere von mir erwarten. Dabei denke ich mir selbst ständig aus, was den anderen für Gedanken durch den Kopf gehen könnten. Manche sind wirklich Meister darin, sich tagelang den Kopf darüber zu zerbrechen, was andere wohl über sie denken. Auch wenn sie sich dessen bewußt werden, sind sie noch lange nicht von diesem Grübelzwang befreit. Immer wieder schleicht er sich in ihr Denken ein. Ähnlich ist der Zwang, es allen recht zu machen. Es darf ja keiner unzufrieden sein mit mir. Das wäre das Schlimmste, was mir passieren könnte. Dahinter steckt die Angst, einmal nicht beliebt zu sein. So passen wir uns ständig an, versuchen, die vermeintlichen oder wirklichen Erwartungen der anderen zu erfüllen und es allen recht zu machen. Oft genug überfordern wir uns damit. Denn allen zugleich können wir es unmöglich recht machen. Und vor allem verlieren wir mehr und mehr das Gespür für das, was Gott denn von uns möchte, was Er uns zutraut.

Im 1. Petrusbrief habe ich zwei Verse gefunden, die auf diese alten, von den Eltern übernommenen Muster, die mich am Leben hindern, eine Antwort geben. Da heißt es im 1. Petrusbrief 1,14 und 18: »Laßt euch nicht mehr von euren Begierden treiben wie früher, in der Zeit eurer Unwissenheit ... Ihr wißt, daß ihr aus eurer sinnlosen, von den Vätern ererbten Lebensweise nicht um einen vergänglichen Preis losgekauft wurdet, nicht um Silber oder Gold, sondern mit dem kostbaren

Blut Christi, des Lammes ohne Fehl und Makel.« Christsein heißt für den 1. Petrusbrief, daß wir nicht mehr unbewußt dahinleben, daß wir nicht mehr vom eigenen Über-Ich gesteuert werden, sondern unser Leben selbst in die Hand nehmen. Bevor wir Christus begegnet sind, haben wir unbewußt dahingelebt, unwissend, wie Petrus sagt. Und wir waren von den Begierden getrieben. Wir haben geglaubt, wir seien frei und würden uns frei für das entscheiden, was wir wollen. In Wirklichkeit waren wir getrieben. Wir haben getan, was andere auch tun, was andere uns eingeredet haben, daß man es tun müsse. Wir standen wie unter einem Zwang, unter dem Konsumzwang, unter dem Erfolgszwang, unter dem Zwang der eigenen Begierden, unter dem Zwang des Ärgers, der Eifersucht, des Zorns. Von Begierden getrieben zu sein, das ist für die Griechen Zeichen des unfreien und unwissenden Menschen. Petrus meint nun, bewußt und frei werden wir nicht durch eigene Willensanstrengung, sondern indem wir Jesus Christus begegnen. Wenn ich im Gebet Jesus begegne, dann werde ich mir bewußt, was ich tue und woraus ich lebe.

Jesus begegnen heißt, befreit werden von der sinnlosen, von den Vätern ererbten Lebensweise. Im Griechischen heißt es hier: ›mataias anastrophes‹. Das meint einen eitlen, sinnlosen, vergeblichen, leeren Lebenswandel. Es ist das, was die Buddhisten mit ›maia‹, mit Illusion bezeichnen. Wir leben oft in der Illusion, daß unsere Lebensweise von uns bewußt so gewählt wurde. Aber in Wirklichkeit bestimmen uns die Muster der Väter und Mütter, denen wir in unserem Leben begegnet sind. Wir meinen, wir seien selbstkritisch, und merken gar nicht, wie wir die Selbstbeschuldigung des Vaters fortsetzen. Wir meinen, wir seien strebsam, und erkennen nicht, wie wir den Perfektionismus der Mutter kopieren. Erlösung heißt für den 1. Petrusbrief, befreit werden von den Illusionen, die wir uns vom Leben machen, befreit werden von den sinnlosen Mustern, die unbewußt immer wieder bei uns ablaufen, befreit werden zum wirklichen Leben. Wir sind nicht dazu verdammt, so sagt uns der 1. Petrusbrief, die alten Muster ewig zu wiederholen. Die Begegnung mit Christus zeigt uns, wie unbewußt wir gewöhnlich leben, wieviel Illusionen uns bestimmen. Im Gebet zu Christus, dem Befreier, können wir uns von den Illusionen verabschieden und uns von den Mustern distanzieren, die uns bestimmen, vom Muster des Perfektionismus, vom Muster, es allen recht zu machen, und vom Muster der Selbstbeschuldigung und Selbstbestrafung.

Petrus ruft uns zu: »Ihr seid neu geboren worden, nicht aus vergänglichem, sondern aus unvergänglichem Samen; aus Gottes Wort, das lebt und das bleibt.« (1 Petr 1,23) Das ist die Grundtatsache unseres Lebens. Wir sind nicht dazu verdammt, zu wiederholen, was wir von Kind an gelernt haben. Wir sind neu geworden. Durch die Taufe haben wir neue Möglichkeiten bekommen, die Möglichkeiten Gottes. Wir sind nicht nur Kinder unserer Eltern, sondern auch Kinder

Gottes. Wir sind nicht dazu da, die Erwartungen unserer Eltern zu erfüllen, sondern wir sind dazu berufen, das einmalige Bild zu formen, das Gott sich von uns gemacht hat. Mit diesem wahren Bild kommen wir aber nur dann in Berührung, wenn wir frei werden von der »sinnlosen, von den Vätern ererbten Lebensweise«.

Die Meditation des 1. Petrusbriefes stellt Sie vor die Frage, was Ihre von den Vätern ererbte sinnlose Lebensweise ist, wo bei Ihnen alte Muster immer wieder auftauchen, die Sie vom eigentlichen Leben abhalten, von dem Leben, wie es Christus entspricht, wie es unserem wahren Selbst entspringt, das aus Gott geboren ist. Vielleicht ist es bei Ihnen auch der Perfektionismus, daß Sie alles hundertprozentig machen wollen, daß Sie nie mit sich selbst zufrieden sind, daß Sie nie genießen können, was Gott Ihnen im Augenblick schenkt. Vielleicht ist es der Rigorismus. Ich kenne viele Menschen, die sehr streng mit sich umgehen, die sich jedes Bedürfnis verbieten und sich oft genug selbst bestrafen, wenn sie einem Bedürfnis einmal nachgegangen sind. Sie laufen ständig mit einem schlechten Gewissen herum und meinen, Gott würde von ihnen fordern, daß sie auf alle Bedürfnisse verzichten und nur für die anderen da sind. Aber sie merken gar nicht, daß das nicht Gottes Wille ist, sondern ihr eigener Rigorismus. Sie sind hart gegen sich selbst, meistens aus Angst, daß da in ihnen Aggressionen oder Bedürfnisse hochkommen und sie überschwemmen könnten, daß sie dann ihr Leben nicht mehr im Griff hätten. Aber ich erlebe es immer wieder, daß Menschen, die ihr Leben in Griff bekommen möchten, die alles kontrollieren möchten, die ihre Gefühle, ihre Aggressionen, ihre Beziehungen, ihre Arbeit kontrollieren möchten, irgendwo in ihrem Leben die Kontrolle über sich verlieren. Da möchte ein Beamter peinlich genau alle Vorschriften erfüllen. Aber gerade das führt dazu, daß wichtige Entscheidungen liegen bleiben. Er möchte der Stadtverwaltung, für die er arbeitet, ja keinen Schaden zufügen. Er möchte immer korrekt sein. Aber gerade so entsteht ein größerer Schaden, als wenn er über manche Kleinigkeiten großzügig hinweggesehen hätte. Er setzt die peinlich genaue Pflichterfüllung mit Gottes Gebot gleich. In Wirklichkeit ist es die von den Vätern ererbte Lebensweise, ist es die durch die Ungeborgenheit in der Familie entstandene Angst vor dem Unbekannten, die ihn dazu geführt hat, sich an Normen festzuklammern. Und er macht sich das Leben sehr schwer. Er macht unzählige Überstunden und kommt doch nie nach mit seiner Arbeit, weil das alte Muster ihn im Griff hat. Sicher verschwinden solche Muster nicht sogleich, wenn wir sie Christus hinhalten. Aber der Glaube daran, daß Christus uns befreit hat von überkommenen Lebensmustern könnte uns zumindest helfen, diese Muster bewußter wahrzunehmen und uns mehr und mehr davon zu distanzieren.

Vielleicht leben Sie in der Illusion, Sie könnten Ihr Leben ohne jede Schuld leben. Und das Wichtigste wäre, jede Schuld zu vermeiden. In der Begegnung mit Christus werden wir frei von dieser Schuldangst. Ich erlebe in Seelsorggesprächen Menschen, die ständig die Schuld bei sich suchen. Sie lassen sich immer von anderen die Schuld zuschieben. In jedem Konflikt mit den Eltern sind sie schuldig. Ich kenne eine Frau, die sich nicht von den Schuldgefühlen befreien kann, die ihr die Mutter einimpft. Sie kann sich nicht wehren gegen die übertriebenen Erwartungen, die die Mutter an sie hat. Wenn sie sich selbst einmal einen Wunsch erfüllt, bekommt sie sofort Schuldgefühle. Es könnte ja sein, daß die Mutter nicht mehr lange lebt. Und dann würde sie sich immer Vorwürfe machen. Sie lebt in der Illusion, als ob sie gerade denen gegenüber, die sie liebt, völlig schuldlos sein könnte.

Keiner von uns ist ohne Schuld. Daher können Menschen so leicht über uns Macht gewinnen, wenn sie uns Schuldgefühle zuschieben. Im Gebet zu Christus, der uns all unsere Schuld vergibt, können wir frei werden von dieser Illusion. Wir werden nie total ohne Schuld sein. Entscheidend ist, daß wir unserem eigenen Gespür trauen, daß wir im Rahmen unserer Möglichkeiten auch für den anderen da sind, aber daß wir es selbst entscheiden dürfen, wieviel Zeit und Energie wir für andere einsetzen. Der unbewußte Anspruch, den viele verinnerlicht haben, daß wir immer nur für andere dasein müssen, ist unmenschlich. Er ist eine Illusion. Jesus hat ihn nicht gelebt. Er hat sich durchaus auch zurückgezogen, um allein mit dem Vater zu sein. Da hat er sich nicht stören lassen. Auch mit unseren Schuldgefühlen sollen wir uns Christus hinhalten und auf Ihn schauen. Dann werden wir erkennen, wo wirkliche Schuld liegt und wo wir nur den von den Vätern ererbten Mustern unterworfen sind.

Als Übung schlage ich Ihnen vor, einmal der Reihe nach aufzuschreiben, was Sie heute alles tun, was Sie arbeiten, wen sie anrufen, wen Sie besuchen, und so weiter. Und dann fragen Sie im Gebet Jesus, ob er alles, was Sie tun, so von Ihnen möchte oder ob Sie da irgendwelchen Strickmustern folgen, ob Ihr Tun aus Ihrem Herzen strömt oder ob Sie damit nur die Erwartungen anderer erfüllen, ob Sie von innen heraus leben oder von außen bestimmt werden. Vielleicht werden Sie erschrecken, wieviel Sie der sinnlosen von den Vätern ererbten Lebensweise zurechnen müssen. Die Begegnung mit Jesus Christus im Gebet will uns von alten Mustern und Illusionen befreien, damit wir der leisen und uns zum Leben einladenden Stimme Gottes in unserem Herzen folgen und so wahrhaft als freie Söhne und Töchter Gottes leben.

Gebet

Herr Jesus Christus, Du hast mich befreit von der prägenden Macht meiner Vergangenheit. Du hast mir neues Leben geschenkt, ein Leben, das mir und meiner Wahrheit entspricht, das dem Bild gerecht wird, das Gott sich von mir gemacht hat. Ich danke Dir, daß Du mich der Sinnlosigkeit alter Muster und Zwänge entrissen hast. Schenke mir

Deinen Geist, daß ich bewußt lebe, was Du mir zugedacht hast, daß ich wirklich mein eigenes Leben lebe, zu dem Du mich berufen hast. Amen.

IX. Das Geheimnis ist Christus in uns

(Philipperbrief 3,7–10)

In den Exerzitien üben wir uns ein in die Nachfolge Jesu Christi, in ein Leben, das aus der Beziehung zu Christus, aus der Freundschaft mit Christus heraus gestaltet und geformt wird. Wie die Nachfolge Christi konkret aussieht, das hat Paulus uns im Philipperbrief beschrieben. Da heißt es im 3. Kapitel, Vers 7–10: »Was mir damals ein Gewinn war, das habe ich um Christi willen als Verlust erkannt. Ja noch mehr: ich sehe alles als Verlust an, weil die Erkenntnis Christi Jesu, meines Herrn, alles übertrifft. Seinetwegen habe ich alles aufgegeben und halte es für Unrat, um Christus zu gewinnen und in ihm zu sein. Nicht meine eigene Gerechtigkeit suche ich, die aus dem Gesetz hervorgeht, sondern jene, die durch den Glauben an Christus kommt, die Gerechtigkeit, die Gott aufgrund des Glaubens schenkt. Christus will ich erkennen und die Macht seiner Auferstehung und die Gemeinschaft mit seinen Leiden.«

Es geht Paulus um die Erkenntnis Jesu Christi, um die ›gnosis Christou Jesou‹. Sie meint keine verstandesmäßige Erkenntnis, sondern ein inneres Verstehen Christi, eine intime Begegnung mit Christus, in der er ganz und gar von Christus ergriffen wird. Wenn ich verstanden habe, wer dieser Jesus Christus ist, wenn ich seine Liebe erfahren habe, die mir in seinem Kreuz am deutlichsten entgegentritt, dann ist alles andere Unrat. Dann zählt nicht mehr, ob ich gesund bin oder krank, ob Menschen mich lieben oder nicht, ob ich Erfolg habe oder nicht, Anerkennung finde oder nicht, ob mein Leben nach außen hin gelingt oder nicht. Das Wort vom Unrat übernimmt Paulus von der damaligen Umgangssprache. Sie kannte das Sprichwort, daß für den, der liebt, alles andere Unrat, Mist, Kehricht ist. Für den, der Christus liebt, wird alles andere unwichtig. Zu dieser Liebe zu Christus wollen uns die Exerzitien führen und somit zu einer neuen Freiheit gegenüber den täglichen Herausforderungen. Manche meinen, sie müßten in den Exerzitien genügend Kraft auftanken, um dann ihren Alltag aus dem Glauben heraus bestehen zu können. Doch dann merken sie schon nach kurzer Zeit, daß der Tank nicht lange vorhält. Und sie haben den Eindruck, daß alles wieder verfliegt. Ich verwende dieses Bild vom Auftanken nicht gerne. Denn es fördert die Illusion, als ob wir innere Kraft speichern könnten. Es geht nicht um Auftanken, sondern um eine neue Sichtweise, um einen Wechsel der Perspektive. Wenn ich Christus in den Exerzitien begegne, dann zeigt sich mir der Alltag in einem völlig neuen Licht. Dann sehe ich meine konkreten Probleme anders. Sie sind Unrat im Vergleich zur Erkenntnis Christi, im Vergleich zur Erfahrung Christi in meinem Leben.

Das Ziel des Lebens ist für Paulus, Christus zu gewinnen und in Christus zu sein. In Christus sein, das ist mehr, als immer an Christus zu denken, das ist mehr, als ihm nachzufolgen und seine Gebote zu erfüllen. Es drückt das Geheimnis unseres

Christseins aus. Wir sind nicht nur Jünger Christi, sondern wir leben in Christus, nicht nur in der Gemeinschaft mit Christus, sondern in Christus selbst wie in einer eigenen Wirklichkeit. Was das konkret bedeutet, darüber haben sich die Theologen oft gestritten. Für mich ist es eine Glaubenserfahrung, über die man nicht diskutieren kann. Wenn ich in der Meditation immer wieder das Jesusgebet wiederhole »Herr Jesus Christus, Sohn Gottes, erbarme dich meiner«, dann erlebe ich, daß Christus in mir ist und daß ich in Ihm bin. Dann spüre ich, daß Christus meine tiefste Wirklichkeit ist, daß Er mein Denken und Fühlen prägt. Ich komme erst richtig zum Leben, wenn Christus meinen Leib und meine Seele durchdringt. In Christus sein, das gibt meinem Leben eine neue Qualität. Ich bin natürlich auch in der Welt. Aber die Welt bestimmt mich nicht mehr. Was mich prägt, ist Christus, der in mir ist und in dem ich meinen wahren Grund habe. Dieses In-Christus-Sein schenkt mir Freiheit gegenüber allen Maßstäben dieser Welt und gegenüber der Meßlatte, die ich selbst an mein Leben angelegt habe.

Paulus drückt den neuen Maßstab, den das In-Christus-Sein schenkt, so aus, daß er nicht mehr seine eigene Gerechtigkeit sucht, sondern die, die aus dem Glauben an Christus kommt. Ich muß mich nicht mehr selbst beweisen, mich nicht mehr rechtfertigen, daß ich richtig lebe. Wenn ich in Christus bin, dann macht Christus mich gerecht, er richtet mich aus nach Gottes Willen, er richtet mich auf zu einem freien Menschen, er läßt mich richtig leben. Christus erfüllt mich mit seinem Geist, mit seiner Barmherzigkeit, mit seiner Liebe. Er schenkt mir Anteil an seiner Auferstehung. Er läßt mich aufstehen aus dem Grab meiner Angst, aus dem Grab meiner Resignation, meines Selbstmitleids. Er führt mich in den Aufstand gegen alles, was Leben behindert, in einen Aufstand für das Leben. Aber das heißt, daß ich in ihm auch teilhabe an seinen Leiden. Wenn ich die Barrieren überwinden will, die mich und andere am Leben hindern, dann bedeutet das auch Schmerz und Leid. Ich werde in meinem Kampf für das Leben und für die Freiheit Wunden einstecken müssen. Aber diese Wunden werden nicht tödlich sein, sie weisen hin auf die Auferstehung als das Ziel meines Lebens. Auferstehung möchte schon mitten im Alltag geschehen. Auferstehung vollzieht sich an mir, wenn ich nach einem Versagen nicht liegenbleibe, wenn ich nach einem Mißerfolg nicht resigniere, wenn ich mich nach einem Scheitern nicht selbst aufgebe, sondern wieder von vorne anfange, im Vertrauen, daß Christus selbst mich an der Hand nimmt und mich aufrichtet. Und die Auferstehung wird mich erwarten, wenn ich sterbe. Der Tod ist nicht das Ende, sondern der Anfang eines neuen Lebens, einer neuen Freiheit, einer neuen Liebe, die all meine Sehnsucht nach Liebe erfüllen wird.

Für mich ist das Jesusgebet die konkrete Einübung in das Leben in Christus und mit Christus. So möchte ich Ihnen vorschlagen, in den Exerzitien das Jesusgebet zu üben. Setzen Sie sich bequem hin und achten Sie auf Ihren Atem. Lassen Sie sich von Ihrem Atem nach innen führen. Atmen Sie vor allem langsam aus. Dann verbinden Sie mit Ihrem Atemrhythmus das Jesusgebet. Beim Einatmen können Sie sich vorsagen: »Herr Jesus Christus« und beim Ausatmen: »Sohn Gottes, erbarme dich meiner«. Wenn Ihnen diese Formel zu lang ist, sagen Sie einfach: »Jesus« beim Einatmen und »Erbarme dich meiner« oder »Erbarme dich« beim Ausatmen. Denken Sie nicht über das Wort nach, sondern vertrauen Sie darauf, daß in diesem Wort Christus selbst in Ihnen ist und Sie mehr und mehr durchdringt mit seiner Barmherzigkeit. Lassen Sie sich von diesem Wort hineinführen in den inneren Raum, in dem Christus selbst in Ihnen wohnt, der voll ist von der Wärme seiner Liebe und seiner Barmherzigkeit. Wenn Sie mit dem Jesusgebet 20 oder 30 Minuten meditieren, dann können Sie zur Ruhe kommen und Sie können erahnen, was es heißt, in Christus zu sein.

Ich mache beim Jesusgebet oft die Erfahrung, daß es mir guttut, wenn Christus mich innerlich bestimmt, wenn ich durch seine Barmherzigkeit mit mir selbst barmherziger umgehe. Dann bestimmen mich nicht mehr Ärger, Angst, Eifersucht, Traurigkeit oder Leere. Dann bewirkt die Barmherzigkeit Jesu in mir einen tiefen inneren Frieden. Sie müssen die negativen Gedanken und Gefühle nicht vertreiben. Aber halten Sie das Jesusgebet in diese Gedanken und Emotionen hinein. Wenn Sie lange genug in Ihren Ärger, in Ihre Angst, in Ihre Selbstvorwürfe hineingesprochen haben: »Jesus

Christus, erbarme dich meiner«, dann werden sich die Gefühle wandeln und auf einmal spüren Sie, wie Sie mit sich selbst barmherziger werden, wie die negativen Gefühle nicht mehr wie ein Berg auf Ihnen liegen, sondern zum Unrat werden. Und Sie können mit Paulus sagen: »Ich vergesse, was hinter mir liegt, und ich strecke mich nach dem aus, was vor mir ist«, nach Jesus Christus, der mich mehr und mehr in seine eigene Gestalt verwandeln möchte, in das Bild des unsichtbaren Gottes, das in mir sichtbar werden will.

Gebet

Herr Jesus Christus, Du hast uns Deinen Geist gesandt, um in uns zu wohnen und in uns zu leben. Ich danke Dir, daß Du in mir Wohnung nimmst, daß Du nicht zurückweichst vor dem Chaos meines Herzens, vor der Zerrissenheit meiner Gefühle. Ich bitte Dich, laß mich Deine heilende und liebende Gegenwart in mir so spüren, daß ich frei werde von der bedrängenden Nähe der Menschen, die etwas von mir erwarten, die mich hin- und herschieben möchten. Wenn Du in mir wohnst, dann kann ich auch bei mir wohnen, dann finde ich meine Mitte, dann entdecke ich, wer ich selbst bin. Laß mich mit dem Hl. Paulus die befreiende Erfahrung machen, daß nicht mehr ich lebe, sondern Du in mir, und laß diese Erfahrung fruchtbar werden für diese Welt. Amen.

X. Gekreuzigte Liebe (Johannes 15,13; 21,15–17)

In den Exerzitien möchte ich mich ganz und gar in die Liebe Gottes zu uns Menschen und zu mir ganz persönlich versenken. Am sichtbarsten wird diese Liebe Gottes zu mir im Kreuz seines Sohnes. Es ist eine gekreuzigte Liebe. Am Kreuz breitet Jesus seine Arme aus. Während seines Lebens hat Jesus die Menschen liebevoll berührt. Er hat Kinder umarmt und kranke Menschen durch zärtliche Berührung geheilt. Umarmen ist ein wesentlicher Ausdruck von Liebe. Aber im Umarmen kann ich den anderen auch festhalten. Am Kreuz sehe ich eine andere Liebe, nicht mehr eine Liebe, die festhält, sondern die losläßt, die freigibt. Indem Jesus seine Arme ausbreitet, zeigt er mir, was das Wesen seiner Liebe ist. Es ist eine Liebe, die sich hingibt. Er hat selbst von dieser Liebe gesagt: »Es gibt keine größere Liebe, als wenn einer sein Leben für seine Freunde hingibt.« (Joh 15,13) Es ist eine Liebe, die sich gibt, damit der andere das Leben hat, die sich verschenkt, damit der andere aufblüht, die sich für den anderen einsetzt, sich für ihn aufs Spiel setzt, damit sein Leben gelingt.

Die ausgebreiteten Arme zeigen, daß Jesus sich für uns ganz und gar öffnet. Er hält nichts zurück. Er läßt uns ganz nahe an sich heran. Mit seinen angenagelten Händen drückt er aus, daß er sich nicht wehrt gegen unsere verletzenden Worte. Er schützt sich nicht, sondern setzt sich schutzlos der Bosheit der Welt aus. Aber er vertraut darauf, daß er in dieser Schutzlosigkeit, in dieser Ohnmacht die Bosheit dieser Welt durch seine Liebe überwinden kann. Und wenn er als letztes Wort sagt: »Es ist vollbracht«, dann ist das Ausdruck dieses Vertrauens, daß die Liebe gerade in ihrer Ohnmacht mächtiger ist als alle Macht dieser Welt, die sich hinter Waffen verschanzt.

Das eindrucksvollste Bild für die Liebe Christi, die sich für uns hingibt, ist für mich das offene Herz Jesu. Johannes erzählt, daß einer der Soldaten seine Lanze in die Seite Jesu stieß und daß sogleich Blut und Wasser herausflossen. Für Johannes sind Blut und Wasser Zeichen des Heiligen Geistes, der aus dem geöffneten Herzen auf alle Menschen ausgegossen wird. Während des Lebens erreichte Jesu Liebe nur die Menschen, denen er konkret begegnet ist. Jetzt wird diese Liebe entgrenzt, sie fließt hinein in die ganze Welt. Und jeder, der das offene Herz Jesu meditiert, kann aus dieser Liebe trinken, die auch ihm gilt. So möchte ich gemeinsam mit Ihnen dieses Herz betrachten und darin Jesus Christus, wie er im Herzblut seiner Liebe seinen Geist übergibt, unsere Wunden heilt und uns zur Liebe befähigt.

Das durchbohrte Herz zeigt mir, daß es keine Liebe ohne Schmerz gibt. Wenn ich einen Menschen bedingungslos liebe, mache ich mich verwundbar. Und sobald der andere mich enttäuscht, sobald Mißverständnisse aufbrechen, trifft mich das bis ins Herz. Ich kann mich nicht dagegen wehren. Ich kann mich gegenüber Menschen verschließen, die mir nicht so wichtig sind.

Sie können mich noch so beschimpfen. Das trifft mich nicht. Aber sobald der Freund, den ich liebe, mich verletzt, durchbohrt es mir das Herz. Jesus hat selbst die noch geliebt, die ihn abgelehnt haben. Er hat sich vor ihnen nicht geschützt, er hat sich nicht hart wie einen Kieselstein gemacht.

Aber die Liebe, die selbst die Feinde noch liebt, ist gerade in ihrer Verwundbarkeit und Ohnmacht stärker als aller Haß dieser Welt. Und sie erfüllt auch uns selbst mit einem tiefen Frieden. Das wird deutlich, wenn Jesus seinen Mördern vergibt mit dem Wort, das uns Lukas überliefert: »Vater, vergib ihnen, denn sie wissen nicht, was sie tun.« (Lk 23,34) Jesus läßt sich von den Feinden nicht in eine Abwehrhaltung hineindrängen, die ihn selbst vom Leben und von der Liebe abschneiden würde. Er weiß, daß selbst der, der mich bewußt verletzt und kränkt, in der Tiefe seines Herzens nicht weiß, was er eigentlich tut, daß er letztlich getrieben wird von irgendwelchen Leidenschaften und Trieben, von Zwängen, die sich in seiner Lebensgeschichte aufgebaut haben. Er tut es vielleicht, weil er selbst verletzt worden ist, oder weil er irregeleitet wurde von Fanatismus, Enge oder Angst. Die Mörder Jesu meinten ja, sie würden im Namen Gottes einen Gotteslästerer beseitigen. So ähnlich wird es auch vielen gehen, die uns anfeinden. Sie haben sich irgendeine Theorie über uns zurechtgelegt, die ihre Bosheit gegenüber uns rechtfertigt, die sie vielleicht sogar als gottwohlgefällig darstellt.

Wenn ich wie Jesus sagen kann: »Vater, vergib ihnen, denn sie wissen nicht, was sie tun«, so lasse ich mich nicht in eine feindliche Stimmung hineindrängen. Ich stehe über der Bosheit, weil ich in ihr die Unwissenheit und Blindheit erkenne. Wenn ich meine Feinde lieben kann, dann können sie mich zwar verletzen, aber sie können nicht über mich bestimmen, sie können mich nicht beherrschen. Die Liebe in mir ist stärker als alle Versuche, mich mit dem Gift des Hasses zu infizieren. Blut und Wasser, die aus der Seite Jesu fließen, sind Zeichen, daß er sich nicht hat anstecken lassen von der Bosheit um ihn herum, sondern daß die Liebe nun einen gewaltigen Strom initiiert, der die ganze Welt befruchtet und verwandelt.

Wenn ich das durchbohrte Herz Jesu am Kreuz meditiere, dann ruft dieses Herz auch in mir Liebe hervor. Es lädt mich ein, den zu lieben, der mich bis zum Ende geliebt hat. Das durchbohrte Herz Jesu will auch unser verschlossenes Herz öffnen, daß es Gott genauso liebt, wie es geliebt wird von Gott. Albert der Große spricht hier vom Austausch der Herzen. Wir öffnen unser Herz für Christus, damit er darin wohnen kann. Das Herz Jesu steht offen für uns, damit wir darin Heimat finden. Aber genauso will Christus in unserem Herzen wohnen, so daß wir mit Paulus sprechen können: »Nicht mehr ich lebe, sondern Christus lebt in mir.« (Gal 2,20) Die Frage ist, wie ich Christus, wie ich Gott lieben kann und soll. Die Liebe zu einem Menschen spüre ich. Sie erfaßt mein ganzes Herz, ob ich will oder nicht. Sie bestimmt mein ganzes Denken und Fühlen. Die Liebe zu Christus spüre ich nicht so emotional wie die Liebe zu einem Menschen.

Aber dennoch gibt es Erfahrungen von Gottes Liebe zu mir, die dann auch meine Liebe zu Gott aufbrechen lassen. Mir hilft zum Beispiel folgende Übung: Ich setze mich unter ein Kreuz und betrachte die ausgebreiteten Arme und das offene Herz Jesu, ich meditiere darin die gekreuzigte Liebe, die sich ganz für mich hingibt. Dann fühle ich oft auch in mir eine ganz tiefe Liebe zu diesem Jesus. Und zugleich mit der Liebe wächst in mir eine tiefe Dankbarkeit, daß alles in mir berührt ist von der gekreuzigten Liebe Gottes. Ein langsames Kreuzzeichen ist für mich eine Hilfe, diese gekreuzigte Liebe Gottes auch leibhaft in mir zu erfahren. Wenn ich ganz bewußt meine Hand von der Stirne zum Bauch und von der linken zur rechten Schulter führe, dann erahne ich, daß die bedingungslose Liebe Christi alles in mir berührt, das Denken, die Vitalität und Sexualität, das Unbewußte und Bewußte, alle Gegensätze, die sich in mir oft genug bekämpfen. Das Kreuzzeichen war für die frühe Kirche das Zeichen, daß Gottes Liebe die ganze Welt mit all ihren Höhen und Tiefen durchdringt. Wenn ich dieses Zeichen, mit dem ich mich oft unbewußt und schnell bekreuzige, langsam und bewußt vollziehe, dann fühle ich mich von dieser Liebe Gottes zärtlich berührt. Oder wenn ich vor dem Evangelium mit dem Daumen das Kreuz über meine Stirn, meinen Mund und meine Brust zeichne, dann bereite ich mich dafür, daß das Wort der Liebe mein Denken, mein Sprechen und Fühlen durchdringt und verwandelt und daß ich selbst Gedanken der Liebe denken, Worte der Liebe sprechen und in meinem Herzen Liebe spüren darf. In solch stillen Gebärden spüre ich die Liebe Gottes zu mir, aber zugleich auch die Liebe als eine Qualität in mir, als einen Strom, der durch mich hindurchfließen möchte auf Gott hin und auf die Menschen hin, die mir lieb sind.

Aber meine Liebe zu Gott ist immer nur eine gebrochene Liebe. Ich weiß genau, daß solchen Augenblicken intensiver Liebe immer wieder auch Zeiten der Trockenheit und Dürre folgen, in denen mir alle Worte von meiner Liebe zu Gott hohl und leer vorkommen, in denen ich allergisch reagiere, wenn Prediger allzu leichtfertig von Gottes Liebe zu uns und unserer Liebe zu ihm sprechen. In solchen Zeiten hilft mir das Gespräch Jesu mit Petrus nach seiner Auferstehung am See von Tiberias, wie es uns Johannes 21,15–17 berichtet. Dreimal fragt Jesus den Petrus: »Simon, Sohn des Johannes, liebst du mich, liebst du mich mehr als diese?« Petrus wird traurig, weil er sich an seinen dreimaligen Verrat erinnert. Und so kann er diesmal keine heiligen Schwüre auf seine unzerstörbare Liebe schwören. Er kann nur ganz bescheiden antworten: »Herr, du weißt alles; du weißt auch, daß ich dich liebe.« (Joh 21,17) »Du weißt um meinen Verrat, um meine Treulosigkeit, um meinen Wankelmut. Du weißt, daß in all meiner Liebe soviel Egoismus und Berechnung ist, daß ich oft genug nur um mich kreise in meiner Liebe. Aber Du weißt auch, daß ich dich liebe. Du weißt, daß es in meinem Herzen etwas gibt, das ganz echt und lauter ist, das Dich auf reine Weise lieben möchte, ohne Berechnung und Projektion.« Bei aller Untreue, in der ich immer wieder herausfalle aus der Liebe zu Gott, geht es mir im Grunde meines Herzens doch darum, Gott zu lieben. In mir ist zumindest eine tiefe Sehnsucht danach, Gott mit ganzem Herzen zu lieben, mit ganzer Seele, mit all meiner Kraft und all meinen Gedanken. (Vgl. Lk 10,27) In dieser Gebrochenheit kann ich bescheiden und demütig mit Petrus sprechen: »Herr, Du weißt alles, Du weißt auch, daß ich Dich liebe, daß ich dich zumindest lieben möchte.«

So möchte ich Sie ermutigen, sich immer wieder unter ein Kreuz zu setzen, das Sie anspricht. Schauen Sie auf die weit geöffneten Arme Jesu. Sie sind Zeichen einer Liebe, die nicht festhält, sondern freigibt und sich für Sie ganz persönlich hingibt. Lassen Sie sich von dieser gekreuzigten Liebe Christi umarmen und einhüllen. Und dann schauen Sie auf das geöffnete Herz, aus dem die Liebe Christi sich für Sie ganz persönlich verströmt. Lassen Sie diese Liebe Christi auf sich wirken. Vielleicht wächst dann auch in Ihnen eine starke Gegenliebe. Sie können dann nur dankbar antworten, indem Sie den gekreuzigten und auferstandenen Jesus Christus mit Ihrem gebrochenen, mit Ihrem unzuverlässigen, mit Ihrem unberechenbaren Herzen lieben. Vielleicht können Sie in den Exerzitien jeden Tag mit dem Kreuzzeichen beginnen, mit der Sie ausdrücken, daß alles in Ihnen von Gottes Liebe berührt wird. Oder machen Sie die große Kreuzgebärde. Stellen Sie sich gut hin und halten die Arme in der Schulterhöhe weit nach außen, die Hände nach vorne hin offen. Stellen Sie sich vor, wie die Hände über Sie hinauswachsen und den ganzen Kosmos umfassen, wie Sie mit offenen Armen alle lieben, denen Sie heute begegnen, und wie Sie alles lieben, was in Ihnen selbst an Gegensätzen ist und was Ihnen oft genug zu schaffen macht. Vielleicht erahnen Sie in dieser Gebärde der weit geöffneten Arme, was Jesus gemeint hat mit seinem Wort: »Es gibt keine größere Liebe, als wenn einer sein Leben für seine Freunde hingibt.« (Joh 15,13) Vielleicht wächst dann auch in Ihnen eine Liebe, die freiläßt, anstatt festzuhalten, die sich hingibt, anstatt zu fordern, die aus Ihnen fließt so wie der Strom von Blut und Wasser, der aus dem Herzen Jesu strömt, die für den anderen stirbt, anstatt ihn durch Kontrolle und Eifersucht zu töten. Ich wünsche Ihnen, daß die gekreuzigte Liebe Christi Sie selbst mit einem tiefen Frieden und mit froher Dankbarkeit erfüllt.

Gebet

Herr Jesus Christus, Du hast am Kreuz Dein Leben für mich hingegeben, weil Du mich liebst. Du hast mich bis zum Ende geliebt, bis in den Tod hinein. Du hast im Tod Dein Herz für mich geöffnet, damit ich mich darin bergen kann mit meiner Unruhe, mit meiner Zerrissenheit, mit meinen Schuldgefühlen. Ich danke Dir für Deine gekreuzigte Liebe, die mich freiläßt, die mich leben läßt. Und ich bitte Dich, daß ich Deine Liebe so in mich aufnehme, daß sie durch mich hindurch auch auf die Menschen ausströmt, denen ich Tag für Tag begegne. Laß mich durchlässig werden für Deine Liebe und in Deiner Liebe den Grund meiner Existenz erfahren. Amen.

XI. Liebe bis zur Vollendung

(Johannes 13,1)

Für mich gehört zu den Exerzitien, daß ich in ihnen das größte Geheimnis der Liebe betrachte, das uns Christus geschenkt hat, das Geheimnis der Eucharistie. Als Schlüssel, der uns die Eucharistie aufschließen soll, möchte ich den ersten Vers von Kapitel 13 im Johannesevangelium nehmen. Da heißt es: »Es war vor dem Paschafest. Jesus wußte, daß seine Stunde gekommen war, um aus dieser Welt zum Vater hinüberzugehen. Da er die Seinen, die in der Welt waren, liebte, erwies er ihnen seine Liebe bis zur Vollendung.« (Joh 13,1)

Johannes deutet mit diesem Vers nicht nur die Fußwaschung, sondern auch die Eucharistie. Im Bild der Fußwaschung drückt Johannes aus, was das ganze Leben Jesu im Tiefsten geprägt hat und was er den Jüngern im Abschiedsmahl nochmals vermitteln möchte. Die Menschwerdung Jesu ist für Johannes schon Ausdruck der Liebe Gottes. »Gott hat die Welt so sehr geliebt, daß er seinen einzigen Sohn hingab.« (Joh 3,16) Die Menschen sind durch ihre Schuld liebesunfähig geworden. Sie haben sich in sich selbst zurückgezogen und verschlossen. Da kam Jesus, um die Menschen durch seine Liebe wieder liebesfähig zu machen. Er hat Kranke geheilt, hat sich liebevoll herabgebeugt zu den wunden Stellen, die die Menschen vor sich und den anderen verbergen. Das zeigt sich am deutlichsten in der Fußwaschung. Da kniet Jesus nieder, um uns an der wundesten Stelle zu berühren und zu heilen, an unseren Füßen, die vom Staub der Erde schmutzig geworden sind, die unansehnlich sind, verdreckt, verletzt von den Dornen und Scherben, die im Weg liegen. Die Alten sprechen von der Achillesferse, an der wir verwundbar sind. Die größte Wunde, die uns quält, ist die Wunde des Todes und die Wunde der Einsamkeit, die im Tod am radikalsten aufbricht. Zu ihr beugt sich Jesus in seinem Kreuzestod hinab, um uns an dieser verwundbaren Stelle mit seiner Liebe zu berühren und zu heilen. Jesus stirbt mit dem gleichen Wort, mit dem Johannes bei der Fußwaschung seine Liebe beschreibt. Jesus liebt uns bis zur Vollendung. Sterbend sagt er: Es ist vollbracht, vollendet.

Johannes beschreibt uns in der Fußwaschung und in den anschließenden Abschiedsreden, worum es in jeder Eucharistiefeier geht. In der Eucharistie feiern wir die Liebe Jesu, mit der er uns bis zur Vollendung geliebt hat. Sich jemandem zu essen zu geben, ist Ausdruck der größten Liebe. Wenn sich Jesus uns als Brot zur Speise gibt, das wir kauen dürfen, dann ist das wie ein Kuß der Liebe, mit dem er uns küßt. Und wenn er uns sein Blut in der Gestalt des Weines zu trinken gibt, dann erahnen wir, daß seine Liebe süßer ist als Wein. Wir trinken seine göttliche Liebe, damit auch wir wieder fähig werden, einander zu lieben. In jeder Eucharistiefeier erweist uns Jesus seine Liebe bis zur Vollendung. Da beugt er sich herab zu uns mit unseren Verletzungen und Kränkungen, da kniet er nieder, um uns an unseren Füßen zu berühren, die schmutzig geworden sind von den staubigen Straßen unseres Alltags, die verdreckt sind von unserer Schuld, die wir durch Unachtsamkeit oder auch durch Bosheit auf uns geladen haben. Wir dürfen Jesus alles hinhalten, was wir sonst vor den Menschen verbergen. Er berührt uns liebevoll und wäscht uns rein.

In der Eucharistie hat uns Jesus das Vermächtnis seiner Liebe hinterlassen. In ihr wird sichtbar und greifbar, was er während seines ganzen Lebens getan hat. Da hat er zu den Menschen Worte der Liebe gesprochen, Worte, die ihnen die Liebe des Vaters zusagen, Worte, die aus seinem liebenden Herzen kamen. Er hat Menschen, die sich selbst nicht annehmen konnten, aufgerichtet und ihnen Mut gemacht, zu sich zu stehen. Hat ihnen ihre unantastbare Würde gezeigt. Hat ihre Wunden geheilt. Er hat Zöllner und Sünder, die von den Frommen ausgestoßen waren, zum Leben und zu Gott zurückgerufen und ihnen einen neuen Weg aufgezeigt. Er hat in Gleichnissen die Menschen dort abgeholt, wo sie mit ihrer Lebenserfahrung standen, und hat ihnen so von Gott erzählt, daß ihnen die Augen aufgingen.

Johannes läßt Jesus beim letzten Mahl eine Abschiedsrede halten, in der er vor seinem Tod nochmals sagt, was ihm am Herzen liegt. Es sind Worte der Liebe, die die Grenze zwischen Himmel und Erde aufheben, zwischen Gott und Mensch, zwischen Leben und Tod. Diese Worte der Liebe spricht in jeder Eucharistiefeier der erhöhte Christus zu uns. Er richtet diese Worte vom Himmel her an uns und doch auch als der, der mitten unter uns ist. Da wird Wirklichkeit, was Jesus in seiner Abschiedsrede sagt: »Wenn ich gegangen bin und einen Platz für euch vorbereitet habe, komme ich wieder und werde euch zu mir holen, damit auch ihr dort seid, wo ich bin.« (Joh 14,3) In der Eucharistiefeier sind wir dort, wo Christus ist. Es ist der vertraute Kreis der Jünger. Jesus öffnet uns sein Herz in seinem Wort und im Mahl. Da gibt er sich selbst: »Nehmt und eßt. Das bin ich selbst.« Ich gebe mich für Euch, damit Ihr leben könnt, damit Ihr an meine Liebe und an die Liebe des Vaters glauben könnt und damit Ihr einander genauso liebt. »Ich habe euch ein Beispiel gegeben, damit auch ihr so handelt, wie ich an euch gehandelt habe.« (Joh 13,15)

Jesus hat im Abendmahl, in der Fußwaschung und in seinem Tod am Kreuz die Spur seiner Liebe ganz tief in diese Welt eingegraben. Und in jeder Eucharistie wird diese Spur der Liebe für uns aufs neue sichtbar. Wir feiern Eucharistie aber auch, damit wir unsere Spuren der Liebe in dieser Welt hinterlassen. Von Jesus heißt es: »Jesus, der wußte, daß er von Gott gekommen war und zu Gott zurückkehrte, stand vom Mahl auf, legte sein Gewand ab und umgürtete sich mit einem Leinentuch.« (Joh 13,4) Er setzt nochmals ein Zeichen seiner Liebe. Wir wissen genauso wie Jesus, daß auch wir von Gott gekommen sind und wieder zu Gott zurückkehren werden. Die Frage ist, welche Zeichen der Liebe wir setzen. Eucharistie ist nicht nur das Abschiedsmahl Jesu, sondern auch unser eigenes. Wir feiern Tod und Auferstehung Jesu und wir nehmen darin auch unser Sterben und Auferstehen voraus. Wir bekennen, daß auch wir hier auf Erden nur Gäste sind. Und so ist die Eucharistiefeier eine Einladung an uns, angesichts unseres Abschieds bewußt zu leben und den Menschen Zeichen unserer Liebe zu hinterlassen, die bleiben können. Versuchen Sie, in den nächsten Tagen in diesem Sinn Eucharistie zu feiern. Spüren Sie, was es heißt, daß Jesus Sie bis zur Vollendung liebt, daß er sich für Sie hingibt, daß er sich Ihnen zu essen und zu trinken gibt. Und überlegen Sie sich, wie Sie diese Liebe, die Sie empfangen, den Menschen bezeugen können, denen Sie heute begegnen, wie sie Ihnen zeigen möchten, daß Sie sie bis zur Vollendung, bis zum Ende lieben, daß Sie sie vorbehaltlos lieben, daß die Liebe Ihre eigentliche Botschaft ist, Ihr letztes Wort, das Sie den Ihren hinterlassen möchten.

In der Ostkirche empfangen die Gläubigen die Kommunion oft in der Gebärde der über der Brust gekreuzten Arme. Versuchen Sie in den nächsten Tagen, einmal mit dieser Gebärde zu meditieren. Kreuzen Sie die Hände über der Brust und stellen sich vor, daß in Ihrem Herzen Christus wohnt mit seiner Liebe, mit der er Sie bis zur Vollendung liebt. In der Kreuzgebärde hüten Sie die Liebe Christi in Ihrem Herzen als das Kostbarste, das es gibt. Überlassen Sie sich dieser Gebärde und stellen Sie sich dabei vor, daß die Liebe Christi wie ein Feuer alles in Ihnen durchdringt, wie alles in Ihnen erfüllt wird von Seiner Wärme und

Zärtlichkeit. Dann denken Sie an Menschen, die Ihnen am Herzen liegen, und stellen sich vor, wie die Liebe in Ihrem Herzen auch zu ihnen hinströmen möchte, daß Sie davon nicht ärmer werden, sondern daß Sie da eine neue Lebendigkeit und einen tiefen inneren Frieden in sich spüren, die Gewißheit, daß die göttliche Liebe, die Sie in Ihrem Herzen hüten, für alle reicht, denen Sie heute begegnen werden.

Gebet

Herr Jesus Christus, ich danke Dir für das Vermächtnis Deiner Liebe, das Du uns in der Eucharistie geschenkt hast. Ich danke Dir, daß Du mich in jeder Eucharistie berührst mit Deinen heilenden und liebenden Händen, daß Du mich ganz und gar durchdringst mit Deiner Liebe, daß ich eins werden darf mit Dir, der sich für mich hingegeben hat. Schenke mir ein bereites Herz, damit ich Dich in mir so aufnehme, daß Du alle meine Verletzungen und Kränkungen zu heilen vermagst und daß Dein Wort der Liebe in mir Fleisch annimmt und mich durchlässig macht für Deine Liebe. Amen.

XII. Der Auferstandene in meinem Alltag (Johannes 21,1–14)

Die Exerzitien wollen uns in den Alltag einüben. Für viele ist der Übergang von den Exerzitien in den Alltag ernüchternd. In den Exerzitien fühlen sie sich wohl. Da spüren sie Gottes Nähe, da will keiner etwas von ihnen. Da haben sie den Eindruck, daß sie nun auch im Alltag ganz neu anfangen können. Aber sobald sie dann die Tretmühle des Alltags wieder im Griff hat, bleibt oft nicht mehr viel von den guten Vorsätzen haften. Damit Ihre Exerzitien auch den Alltag verwandeln, möchte ich Ihnen als letzten Text Johannes 21,1–14 zur Meditation vorschlagen. Die Jünger sind wieder nach Galiläa in ihren Alltag zurückgekehrt und gehen ihrer alltäglichen Beschäftigung nach, dem Fischen. Simon Petrus lädt noch sechs weitere Jünger ein, mit ihm auszufahren, um zu fischen. Es ist eine kleine Gemeinschaft von sieben Jüngern. Sieben ist eine heilige Zahl. Sie symbolisiert die Verbindung von Gott und Mensch, von Irdischem und Himmlischem. Die alltägliche Arbeitsgemeinschaft wird hier zur Glaubensgemeinschaft, die den Auferstandenen mitten in ihrem Alltag erfährt. Die sieben Jünger sind Verheißung, daß ich gerade mit den Menschen, mit denen ich zusammen lebe und arbeite, Kirche werden kann, Ort der heilenden und liebenden Gegenwart Gottes mitten in der Welt, daß auch die alltägliche Gemeinschaft zur Glaubensgemeinschaft wird, die den Auferstandenen gemeinsam erfährt und bezeugt.

Aber zunächst sieht es nicht nach einer Gemeinschaft von Glaubenden aus. Die Jünger fischen die ganze Nacht über, aber sie fangen nichts. Ihre Arbeit ist vergeblich. So kehren sie enttäuscht und resigniert am grauen Morgen zurück. Alles ist grau und trostlos. Alles war umsonst. In diese Situation der Disillusionierung und Resignation hinein sagt nun Johannes: »Als es schon Morgen wurde, stand Jesus am Ufer. Doch die Jünger wußten nicht, daß es Jesus war. Jesus sagte zu ihnen: Meine Kinder, habt ihr nicht etwas zu essen? Sie antworteten ihm: Nein. Er aber sagte zu ihnen: Werft das Netz auf der rechten Seite des Bootes aus, und ihr werdet etwas fangen. Sie warfen das Netz aus und konnten es nicht wieder einholen, so voller Fische war es.« (Joh 21,4–6) Vom Ufer her tritt da der Auferstandene in ihr Leben, in ihren grauen Morgen. Und er nimmt Beziehung zu ihnen auf. Er spricht sie liebevoll als Kinder an und er fragt sie nach dem, was sie vorzuweisen haben, was sie zum Essen haben, was sie selbst nährt und was sie ihm anbieten können. Jesus stellt mir die Frage, ob ich in meinem Alltag genügend habe, was mich nährt. Und er gibt mir einen Rat, wie mein Alltag gelingen kann, wie er mir das schenken kann, was ich zum Leben brauche. Ich soll das Gleiche wieder tun, was ich auch vor den Exerzitien getan habe. Aber ich soll es bewußt tun. Das meint wohl die rechte Seite. Ich soll nicht einfach unbewußt fortfahren in dem, was schon immer war. Ich soll bewußt und achtsam bei dem sein, was ich tue. Ich soll ganz im Augenblick sein und bei dem, was ich gerade arbeite. Dann wird alles anders, dann werde ich in allem den gegenwärtigen Gott erfahren. Und ich soll meine Arbeit nicht im eigenen Namen verrichten, sondern auf das Geheiß Jesu hin. Bei allem, was ich tue, soll ich mir bewußt machen, daß ich im Dienst Gottes stehe und nicht in meinem eigenen. Mir hilft es immer, wenn ich mir morgens schon beim Aufstehen vorsage: »In Deinem Namen stehe ich auf, in Deinem Dienst beginne ich den Tag.«

Tatsächlich fangen die Jünger soviel, daß die Netze fast zerreißen. 153 Fische sind es. Auch das ist wohl eine symbolische Zahl. Evagrius Ponticus deutet die Zahl auf etwas eigenwillige Weise. Er meint, 100 sei das Quadrat, 28 das Dreieck und 25 die Kugel. Dann würde die Zahl 153 bedeuten, daß alle Gegensätze miteinander eins werden. Wenn ich auf Jesu Weisung hin bewußt, im Glauben an die Gegenwart des Auferstandenen, meinen Alltag lebe, dann fügen sich Dinge zusammen, die ich nie zusammengebracht habe, dann kann ich mich aussöhnen mit den Gegensätzen, die mich oft genug zerreißen, die Gegensätze zwischen Gebet und Arbeit, zwischen Beruf und Familie, die gegensätzlichen Bedürfnisse und Gefühle in mir. Alles wird auf einmal eins. Ich höre auf, dagegen anzukämpfen. Alles darf so sein, wie es ist. Alles hat seinen Sinn. Das Eckige und Kantige rundet sich ab. Was sonst beziehungslos nebeneinander steht, das fügt sich zusammen, das wird rund.

Sie warfen das Netz aus und konnten es nicht wieder einholen, so voller Fische war es. Da sagte der Jünger, den Jesus liebte, zu Petrus: Es ist der Herr! Als Simon Petrus hörte, daß es der Herr sei, gürtete er sich das Obergewand um, weil er nackt war, und sprang in den See.« (Joh 21,6f) Für mich ist dieser Satz »Es ist der Herr« ein wichtiger Weg, dem Auferstandenen mitten in meinem Alltag zu begegnen. Zu den Exerzitien gehört es, daß ich meinen Alltag im Gebet durchgehe und mir überall vorstelle »Es ist der Herr«. Der Herr ist bei mir, wenn ich im Büro am Computer sitze und schreibe. »Es ist der Herr«, wenn ich eine Besprechung halte. »Es ist der Herr«, wenn ich zum Chorgebet gehe. Und »es ist der Herr«, wenn ich durch die Stadt gehe. Wenn ich mir diesen Satz in allen Situationen meines Alltags vergegenwärtige, dann bekommt alles ein neues Gesicht. Dann weiß ich, daß Auferstehung mitten in meinem Alltag geschehen will und daß Auferstehung auch in den banalsten Arbeiten möglich ist. Da lichtet sich der graue Morgen auf einmal auf. Und es entsteht eine persönliche Beziehung zu Jesus Christus, dem Auferstandenen. Von da her fällt ein neues Licht auf alles, was ich tue. Ich tue es vor den liebenden Augen Gottes und in der Gemeinschaft mit dem Auferstandenen. Uns so verwandelt sich die Atmosphäre. Ich bin nicht alleingelassen. Der Auferstandene selbst steht mir zur Seite und erfüllt meinen Alltag mit der Wärme seiner Liebe und mit dem Licht seiner Auferstehung.

Als die Jünger das Netz mit den 153 großen Fischen mühsam ans Ufer schleppen, hat Jesus auf einmal schon Fisch und Brot, die auf einem

Kohlenfeuer braten. Das ist nicht ganz logisch. Denn zu Beginn der Geschichte hatte er sie ja um Fisch gebeten. Aber Auferstehung ist nie logisch. Wenn wir unseren Alltag bewußt leben und auf Geheiß Jesu, dann ist auf einmal genug Speise für uns da, dann geschieht Auferstehung. Der Auferstandene sagt zu den Jüngern: »Kommt her und eßt! Keiner von den Jüngern wagte ihn zu fragen: Wer bist du? Denn sie wußten, daß es der Herr war.« (Joh 21,12) Es ist eine eigenartige Atmosphäre. Da ist auf einmal der Auferstandene mitten unter ihnen. Aber sie wagen nicht, ihn zu fragen. Sie wissen, daß Er es ist. Und auf einmal lichtet sich der graue Morgen und es entsteht eine intime und zärtliche Gemeinschaft zwischen dem Auferstandenen und ihnen. Sie halten miteinander Mahl, so wie sie oft in ihrem Leben mit Jesus Mahl gehalten haben. »Jesus trat heran, nahm das Brot und gab es ihnen, ebenso den Fisch.« (Joh 21,13) Johannes beschreibt dieses Mahl als eucharistisches Mahl. In jeder Eucharistie tritt der Auferstandene in unser Leben. Vom anderen Ufer, vom Himmel her, kommt er in unseren grauen Alltag. Da verwandelt sich die Fremde in Heimat, die Kälte in Wärme, das Graue in das milde Licht des neuen Morgens. Jesus gibt den Jüngern Brot und Fisch. Brot ist die Speise des Alltags, die uns Kraft gibt, unsere Arbeit durchzustehen. Fisch ist die Speise der Unsterblichkeit, die Speise des Paradieses. In jeder Eucharistie stärkt uns Christus mit seinem Fleisch und Blut für die Aufgaben des Alltags. Aber in jeder Eucharistie leuchtet auch das Paradies auf, da schenkt uns Christus die unsterbliche Speise seines göttlichen Leibes und Blutes. Da wird mitten in der Fremde des grauen Morgens Heimat erfahrbar, Vertrautsein mit dem, der jetzt im Himmel beim Vater ist und dennoch auch unter uns als der, der unseren Alltag in das göttliche Licht seiner Liebe taucht.

Aber das Frühmahl mit Brot und Fisch bezieht sich nicht nur auf die Eucharistie, sondern auf jede Begegnung mit dem Auferstandenen in unserem Alltag. Wenn wir das Wort »Es ist der Herr« in alle Situationen unseres Alltags hineinhalten, wenn wir daran glauben, daß der Auferstandene uns gerade in der Trostlosigkeit des grauen Morgens begegnen möchte, dann hellt sich auch für uns der Frühnebel auf und der Auferstandene reicht uns Brot und Fisch. Er gibt uns genügend Kraft, den Alltag zu bestehen. Und er gibt uns zugleich die Speise der Unsterblichkeit, die Speise, die über dieses Leben hinausweist. Wir können unseren Alltag nur bestehen, wenn wir wissen, daß er nicht alles ist, daß unsere Heimat im Himmel ist, daß wir mit unserem Herzen hineinragen in die Weite und Freiheit Gottes. Die Auferstehung bricht die Enge unseres Alltags auf und läßt das Licht der Ewigkeit in die Nacht hineinfallen, in der alles vergeblich erscheint.

Die Auferstehungsgeschichte am See von Tiberias entläßt uns aus den Exerzitien in den Alltag. Sie will in uns den Glauben daran stärken, daß der Auferstandene auch mitten in der Arbeit, mitten in den alltäglichen Pflichten da ist, um unser Leben zu verwandeln. Die Exerzitien wollen uns einüben in eine neue Sichtweise, mit der wir den Alltag bestehen sollen. Sie wollen uns neue Augen schenken, damit wir in allem, was wir tun, Christus selbst entdecken als den, der hineintritt in unser Leben und unseren grauen Morgen in die milde Wärme seiner Gegenwart verwandelt und der auch am Ufer der Ewigkeit steht, am Morgen, der keinen Abend mehr kennt und uns dort erwartet.

So gehen Sie in einer letzten Meditation konkret Ihren Alltag durch. Fangen Sie morgens an, wenn der Wecker schellt, und gehen dann jede Stunde durch. Sie waschen sich, ziehen sich an, beten, frühstücken und gehen zur Arbeit. Und stellen Sie sich vor, daß in jedem Augenblick der Auferstandene bei Ihnen ist. »Es ist der Herr« können Sie sich in jede Situation hineinhalten. Dann werden Sie vielleicht erstaunt entdecken, wie sehr Sie normalerweise ohne Beziehung zu Christus leben, wie sich der Alltag verselbständigt hat. Aber wenn Sie alles achtsam und bewußt, im Bewußtsein der Gegenwart Christi tun, dann wird sich Ihr Alltag wandeln. Sie werden immer wieder dankbar erfahren dürfen, wie sich Gegensätzliches miteinander versöhnt, wie sich die Dinge neu zusammenfügen, wie sich scheinbar unüberbrückbare Gegensätze auflösen, wie Ihr Leben auf neue Weise gelingt. Das ist dann nicht Ihr Verdienst, sondern es ist die Erfahrung der Auferstehung mitten in Ihrem Leben.

Auferstehung ist nicht etwas Fremdes und Unverständliches. Was Auferstehung heißt, das kann jeder in seinem Leben erfahren. Es geht nicht darum, sich zu streiten, ob das Grab Christi leer war oder nicht. Es geht vielmehr darum, zu glauben, daß der Auferstandene mich heute aufrichten möchte, daß für mich heute Auferstehung Wirklichkeit wird, wenn ich aufstehe aus meiner Angst, wenn ich den Schritt zu einem Gespräch wage, das ich schon lange vor mich hergeschoben habe, wenn ich ausbreche aus der Enge einer Beziehung, die nicht mehr stimmt, wenn ich aufstehe aus dem Grab meines Selbstmitleids, wenn ich aufstehe und zu mir selbst stehe, weil Christus als der Auferstandene neben mir steht. So wünsche ich Ihnen am Ende dieser Exerzitien, daß Sie die Auferstehung immer wieder mitten in Ihrem Leben erfahren, mitten im Wort, mitten im Streit und mitten im Tun.

Gebet

Herr Jesus Christus, in Deiner Auferstehung hast Du den grauen Morgen meines Alltags verwandelt und in das Licht Deiner göttlichen Herrlichkeit getaucht. Laß mich Dich als den Auferstandenen in allen Situationen meines Alltags erfahren, in meiner Arbeit, in der Vergeblichkeit, in der Enttäuschung, im Miteinander und in der Einsamkeit. Laß mich erkennen, daß Du vom Ufer der Ewigkeit schon eingetreten bist in mein Leben und daß Du mein Leben in das milde Licht Deiner Liebe eintauchst. Laß mich mitten in meinem Alltag Auferstehung erfahren, daß ich aufstehe aus dem

Grab meiner Angst und Resignation, hinein in das Leben, das Du mir schenkst. Und laß mich mit Johannes erkennen, daß Du schon da bist, daß ich überall hineinsprechen darf: Es ist der Herr. Amen.

Die Lebenskunst der Klöster

Münsterschwarzacher Kleinschriften

50	Anselm Grün, **Chorgebet und Kontemplation**	1988/2002
52	A. Grün, **Träume auf dem geistlichen Weg**	1989/2001
57	Grün/Dufner, **Gesundheit als geistliche Aufgabe**	1989/2001
58	Anselm Grün, **Ehelos – des Lebens wegen**	1989/2003
59	Dumitru Staniloae, **Gebet und Heiligkeit**	1990
60	Anselm Grün, **Gebet als Begegnung**	1990/2001
61	Basilius Doppelfeld, **Mission als Austausch**	1990
62	Abeln/Kner, **Kein Weg im Leben ist vergebens**	1990/2003
63	R. Faricy/R. J. Wicks, **Jesus betrachten**	1990
64	Anselm Grün, **Eucharistie und Selbstwerdung**	1990/2002
65	Basilius Doppelfeld, **Ein Gott aller Menschen**	1991
67	A. Grün, **Geistl. Begleitung b. d. Wüstenvätern**	1992/2002
68	Anselm Grün, **Tiefenpsych. Schriftauslegung**	1992/2002
71	Anselm Grün, **Bilder von Verwandlung**	1993/2001
73	Wunibald Müller, **Meine Seele weint**	1993/2001
75	Herbert Alphonso, **Die Persönliche Berufung**	1993/2002
76	Anselm Grün/Gerhard Riedl, **Mystik und Eros**	1993/2001
77	Gabriele Ziegler, **Der Weg zur Lebendigkeit**	1993
79	Fidelis Ruppert, **Der Abt als Mensch**	1993
80	Boniface Tiguila, **Afrikanische Weisheit**	1993
81	Anselm Grün, **Biblische Bilder von Erlösung**	1993/2001
82	A. Grün/M. Dufner, **Spiritualität von unten**	1994/2002
84	Mauritius Wilde, **Ich versteh' dich nicht!**	1994/2004
85	R. Abeln/A. Kner, **Das Kreuz mit dem Kreuz**	1994
86	Fidelis Ruppert, **Mein Geliebter, die riesigen Berge**	1995
87	Basilius Doppelfeld, **Zeugnis und Dialog**	1995
90	Fidelis Ruppert, **Intimität mit Gott**	1995/2002
92	Anselm Grün, **Leben aus dem Tod**	1995/2001
93	Anselm Grün, **Treue auf dem Weg**	1995
94	Edgar Friedmann, **Ordensleben**	1995
95	Hermann M. Stenger, **Gestaltete Zeit**	1996
96	Basilius Doppelfeld, **Bleiben**	1996
97	Christian Schütz, **Mit den Sinnen glauben**	1996
98	Karin Johne, **Wortgebet und Schweigegebet**	1996
99	Anselm Grün, **Das Kreuz**	1996/2005

100 A. Grün/A. Seuferling, **Schöpfungsspiritualität** 1996/2002
101 Basilius Doppelfeld, **Lassen** 1996
102 Anselm Grün, **Wege zur Freiheit** 1996/2003
103 G. Kreppold, **Krisen – Wendezeiten im Leben** 1997/2001
104 Irmgard und Peter Abel, **Familienleben** 1997/2002
106 Anselm Grün, **Exerzitien für den Alltag** 1997/2001
107 Karl-Friedrich Wiggermann, **Das geistliche Wort** 1997
108 F. Ruppert/A. Stüfe, **Der Abt als Arzt ...** 1997
109 H. Nouwen, **Unser Heiliges Zentrum finden** 1998/2003
110 Georg Braulik, **Zivilisation der Liebe** 1998
111 Wunibald Müller, **Wenn du ein Herz hast ...** 1998
112 G. Kreppold, **Selbstverwirkl. od. Selbstverleugnung?** 1998
113 Basilius Doppelfeld, **Erinnern** 1998
114 Anselm Grün, **Zerrissenheit** 1998/2001
115 K.-F. Wiggermann, **Spiritualität und Melancholie** 1998
116 Reinhard Körner, **Was ist Inneres Beten?** 1999/2002
117 Christa Carina Kokol, **Wie bist du, Gott?** 1999
118 Gabriele Ziegler, **Sich selbst wahrnehmen ...** 1999
120 Anselm Grün, **Vergib dir selbst** 1999/2001
121 D. Koller, **Trinitarisch glauben, beten, denken** 1999
122 G. Kreppold, **Träume – Hoffnung für das Leben** 1999/2001
124 Basilius Doppelfeld, **Loslassen und neu anfangen** 2000/2002
127 Wunibald Müller, **Dein Herz lebe auf** 2000/2002
128 Anselm Grün, **Entdecke das Heilige in Dir** 2001
129 Guido Kreppold, **Esoterik** 2001
130 Mauritius Wilde, **Der spirituelle Weg** 2001
131 J. Domek, **Das Leben wieder spüren** 2001/2006
132 Alfred Läpple, **Der überraschende Gott** 2002
134 Klaus-Stefan Krieger, **Gewalt in der Bibel** 2002
135 Hubert Luthe/Máire Hickey, **Selig bist du** 2002
136 Meinrad Dufner, **Schöpferisch sein** 2002
137 B. Ulsamer/M. Hell, **Wie hilft Familien-Stellen?** 2003
138 Lothar Kuld, **Compassion – Raus aus der Ego-Falle** 2003
139 Peter Abel, **Neuanfang in der Lebensmitte** 2003
140 Wunibald Müller, **Dein Weg aus der Angst** 2003
141 Klaus-Stefan Krieger, **Was sagte Jesus wirklich?** 2003
142 A. Grün/R. Robben, **Gescheitert? – Deine Chance!** 2003
143 Meinrad Dufner, **Rollenwechsel** 2004

144	Bertold Ulsamer, **Zum Helfen geboren**	2004
145	A. Grün/W. Müller, **Was macht Menschen krank ...?**	2004
146	Peter Modler, **Lebenskraft Tradition**	2004
147	Gruber/Steins, **Mit Gott fangen die Schwierigkeiten ...**	2005
148	Guido Kreppold, **Die Kraft des Mysteriums**	2005
149	Peter Modler, **Gottes Rosen**	2005
150	Jonathan Düring, **Der Gewalt begegnen**	2005
151	Wunibald Müller, **Allein – aber nicht einsam**	2005
152	B. Ulsamer, **Lebenswunden – Hilf. zur Traumabewältig.**	2006
153	Olav Hanssen, **Dein Wille geschehe**	2006
154	Reinhard Körner, **Dunkle Nacht**	2006
155	Jonathan Düring, **Wild und fromm**	2006
156	Guido Kreppold, **Dogmen verstehen**	2006
157	Peter Abel, **Gemeinde im Aufbruch**	2006
158	Michael Plattig, **Prüft alles, behaltet das Gute!**	2006
159	Paulus Terwitte/Peter Birkhofer, **Ich bin gerufen**	2007
160	Wunibald Müller, **Atme auf in Gottes Nähe**	2007
161	Anselm Grün, **Alles ist mir Himmel**	2007
162	Meinrad Dufner, **Kirchen verstehen**	2007
163	Jochen Sautermeister, **Glück und Sinn**	2007
164	Johannes Füllenbach, **Dein Reich komme**	2007
165	Wunibald Müller, **Atme in mir**	2008
166	Kirsner/Böhm, **Wo finden wir die blaue Fee?**	2008
167	Michael Plattig, **Ich wähle alles!**	2008
168	Katharina Schridde, **Den mütterlichen Gott suchen**	2008
169	Christoph Gerhard, **Astronomie und Spiritualität**	2008
170	Meinrad Dufner, **Seele ist Körper**	2009
171	Anselm Grün, **Lebensträume**	2009

Die Titel dieser Reihe sind auch im **Abonnement** zu beziehen. Gerne informieren wir Sie unter Tel. 09324/20-292 über diese Möglichkeit. Die vollständige Übersicht aller in dieser Reihe erschienenen Titel finden Sie unter www.vier-tuerme-verlag.de

VIER-TÜRME-VERLAG
Telefon 09324/20-292 · Telefax 09324/20-495
Bestellmail: info@vier-tuerme.de / www.vier-tuerme-verlag.de